「建築」で日本を変える

伊東豊雄
Ito Toyo

a pilot of wisdom

目次

はじめに

東日本大震災の日から一年半が過ぎた二〇一二年秋、私は『あの日からの建築』（集英社新書）を出版しました。巨大津波によって一瞬にして流されてしまった東北地方の町や村落の光景を目の当たりにして、私が長年取り組んできた近代主義建築の功罪に向き合い、一人の建築家として何とかしなければならないという想いを綴《つづ》りました。

それから四年の歳月が流れました。その間に一〇年の歳月をかけた台湾の台中国家歌劇院、震災前後からプロジェクトが始まった岐阜「みんなの森 ぎふメディアコスモス」が完成し、現在も松本や水戸、瀬戸内の大三島など、地方でのプロジェクトが進行しています。こうした仕事をするなかで、あの頃に漠然と感じていた「都市を向いた建築は終わった」という意識は確信へと変わりました。

なぜなら、東京、北京《ペキン》、上海《シャンハイ》、香港《ホンコン》、シンガポール、ニューヨーク、ドバイといった巨大都市＝メトロポリスにおいて、建築はもはや見えない巨大資本の流れを可視化する装置にすぎない、建築家は一般市民ではなく、ごく一部の巨大資本家に加担する建築の表現者としてしか見られていないのではないかと感じるからです。

そんなとき、私は東北の被災者のみなさんや縁あって関わることになった地方の方々との出会いを通して、人と自然が一体化された世界がかろうじて生きている地方にこそ、大きな希望があると考えるようになりました。

ただし、地方にも東京ほどではないにしろ、資本の原理による都市化の波は押し寄せています。その地域独自の自然や文化、街並みや共同体が恐ろしいほどの勢いで破壊され、ガラスで覆われた高層ビルやマンション、大型ショッピングモールに変換されています。

今、一度立ち止まって、都市とは異なる地方の街づくりや建築を考えなければなりません。本書では、「都市」「地方」という言葉を頻繁に使っていますが、その背景にはこのような意味が込められていることをご理解いただきたいと思います。

ここ数年間で、もっとも世の中の注目を集めた建築プロジェクト「新国立競技場」で、私は二〇一二年の「新国立競技場基本構想国際デザイン競技」、二〇一四年の公募型プロポーザル方式によるデザイン公募に参加しました。それが、ご存知のように、二〇一二年に一等になったザハ・ハディド案が予算や工期が問題となって白紙になり、より現実的なデザイン案を再び公募するという異例の事態になりました。

私は、このコンペティションに再度挑戦することにしました。もっとも大きな動機は、先ほど述べた、日本国内での地方の都市化＝東京化という図式が、新国立競技場に重なったからです。

つまり、東京という都市の中でも特別な歴史と、豊かなコモン（公共空間）である神宮外苑《がいえん》に、経済効率が重視され、単に「周辺環境との調和や日本らしさ」を表層的に纏《まと》わせた巨大建築が建ってしまう現実に対して、誰かが一石を投じなければならないという想いに突き動かされたのです。

残念ながら、私たちのチームは負けました。けれども、私は、ザハ案への人びとの反応や意見を通じて、巨大都市・東京にも一縷《いちる》の望みを見出せたように感じています。本文にも記しましたが、多くの人びとが東京の自然、歴史、文化、コミュニティに再び目を向け、価値を見出そうとしている。ザハ案はそんな人たちの心の領域に土足で踏み込むに等しいものだったのだと思います。東京という都市は、すでに巨大資本というエンジンに突き動かされていて、一建築家の力ではいかんともしがたい状況です。

今、私は、地方を足場に、建築の意味を問い、これからの可能性を切り拓《ひら》きたいと考えているのです。

第一章　都市を向いた建築の時代は終わった

都市、東京を考える

最近首都高速を車で走ると、次々と新しい高層ビルが出現することに驚かされます。凄《すさ》まじい勢いで東京の高層化が進み、私の住まいの近くでも木造の家屋やアパートがいつの間にか取り壊され、高級マンションに建て替えられています。

早朝に家の近くを散歩していると、玄関先に置かれた植木鉢の花に水をやったり、路地の掃除をしていたりしたお年寄りの姿が突然消えてしまっていることに気づく度に、「あのお年寄りは今頃どこでどんな生活をしているのだろう」と考えずにはいられません。

二〇一一年三月一一日、あの大震災が起こったとき、私は東京のオフィスの四階で仕事をしていました。突然の激しい揺れに驚いて階段を駆け下りて、スタッフとともに道路に避難しました。私のオフィスは渋谷にある四階建ての古いビルです。高層化の波がひたひたと押し寄せているエリアですが、隣接している高層マンションを見あげると、ゆっくりとした周期で大きく揺れていました。倒れることはないでしょうが、見ているだけで気持ちが悪くなりました。その様子は悪夢のように私の脳裏から離れません。もしも三・一一の震源地が東京であったら、私たちはどのようなパニックに陥っていたでしょうか。

東京に限らず、大都市で繰り返される再開発は、基本的に二〇世紀初めに欧米で提唱された理想都市の構想に基づいて行われていると言えます。低層高密度の住宅を一掃して高層のオフィスや住宅に建て替え、周囲に緑地や公共広場を確保しようというものです。例えば建築家ル・コルビュジエが一九二五年に提案した「パリ・ヴォワザン計画」です。非衛生的で不健康な住宅群を高層のオフィスや集合住宅に替えて、太陽の降り注ぐ緑の環境を確保するという一見すばらしい提案ですが、パリの住民たちはそのような道を選びませんでした。陽《ひ》の当たる高層アパートよりも住み慣れた街の歴史や環境を大切にしたいと考えたからに違いありません。

東京はパリとはずいぶん違った歴史を辿《たど》った都市ですが、東京には江戸以来の緑豊かでヒューマンなスケールの街並みがあります。このような歴史を消して高層化することは決して進化とは言えません。しかも再開発後の住宅に住むのは元の住民ではなく、ほとんどが新しい人びとなのです。かくして時代を経て継承されてきた近隣のコミュニティも一方的に消滅していくばかりです。再開発は住民のためではなく、一部企業家の経済のために行われているのです。

こうした再開発の繰り返しを経て、現在の東京は場所性、すなわち地域独自の歴史や環境を失って、世界の大都市と見分けのつかない均質な風景に変わってしまいました。高層化によって土地から切り離され、人工環境に住み、働く人びとの生活もまた均質化の一途を辿っています。

これは一言で表現すれば近代主義思想の空虚な結末です。近代主義は「技術によって自然を克服できる」と信じ、その思想にそって「世界のいかなる地域においても同じ建築をつくることができる」と考えた結果です。そのような思想に基づいて、二〇世紀の都市の人口集中を可能にした事実は理解できますが、その思想がグローバルな経済システムと結びついて以来、大都市の過度な均質化はひたすら非人間的な道を辿っています。私は、「都市を向いた建築の時代は終わった」と感じています。

言葉を換えれば、近代主義建築が大きな岐路を迎えているということです。それを打破していくために、一度、都市から離れてみることも必要なのではないか、そこから新しい建築が見えてくるのではないか、という強い気持ちが本書をまとめる動機となっています。

私がオフィスを開いたのは一九七一年です。今年で四五年になりますが、この間、建築家として「都市」について語り続けてきました。私にとって東京は世界でいちばん身近に感じられる都市でしたし、私の建築のイメージの源泉はほとんどすべて東京だったと言っても過言ではありません。

ところが、これまで述べてきたように、ここ十数年、私にとっての、東京という都市への魅力が急速に失われてきたと感じています。

そこでまずは、東京という都市がどのように形成され、どのように変化し、未来に対してどのような都市を目指しているのか、そのあたりから考えてみたいと思います。

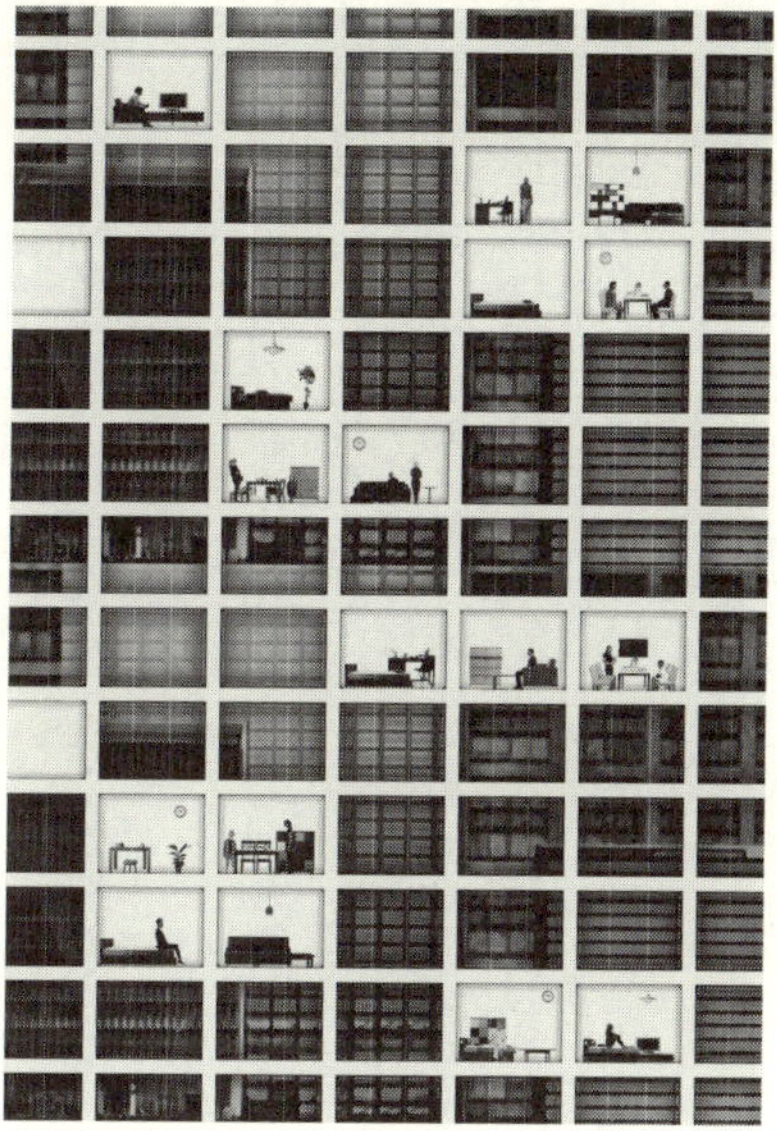

近未来の東京のイメージ

自然と調和した庭園都市、江戸

東京が本格的な都市として形成されたのは「江戸期」ですが、当時の東京（江戸）は世界的に見ても稀有《けう》な都市でした。そのことは文献や浮世絵などでうかがい知ることができます。

今から二〇〇年ほど前の一九世紀初頭、江戸時代後期に活躍した浮世絵師、鍬形蕙斎《くわがたけいさい》が江戸を鳥瞰《ちょうかん》的に描いた「江戸一目図屏風《ひとめずびょうぶ》」という有名な屏風絵があります。これを見ると、江戸という都市は、遠くに富士山を望み、江戸城を中心にして緑地と水辺が渦巻き状につくられていることに気づきます。緑地には大名屋敷や武家屋敷、水辺には町民たちの家が置かれていて、ヨーロッパではあり得ない、自然と一体となった豊かな「庭園都市」を形成していました。

そこからわかることは、江戸の都市計画が関東ローム層という台地と低地からなる独特の地形を活《い》かした、大変高度なものだったということです。現在の東京は、基本的には江戸という都市の骨組みを踏襲しています。

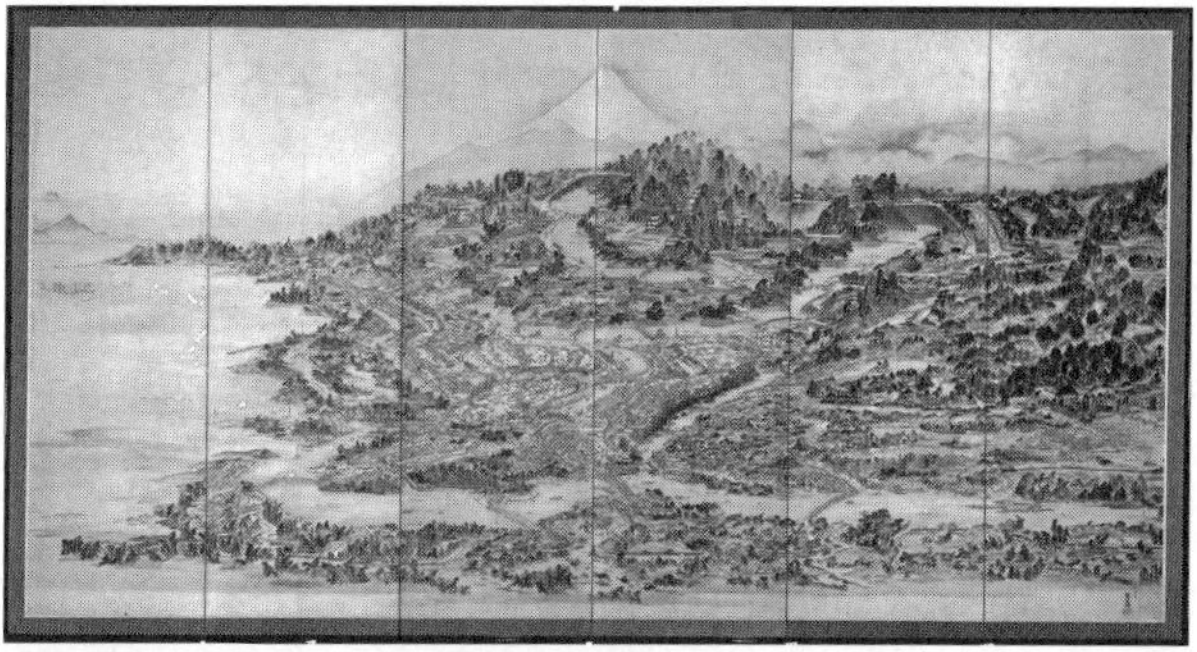
鍬形蕙斎「江戸一目図屏風」津山郷土博物館寄託

建築史家の陣内秀信さんは著書『東京の空間人類学』（ちくま学芸文庫）のなかで、次のように語っています。

武蔵野の突端の東京湾を望む位置に立地した江戸は、すぐれた都市の環境や景観をつくる条件に恵まれていた。しかも江戸は壮大な城下町であるから、武士、町人、農民の階級に応じた住み分けがこうした地形との関係で巧みに決められ、そのための道や掘割の有効なシステムも成立した。

台地である山の手には坂や谷といった変化に富んだ地形を上手に活かした大名や武士が暮らす町が、低地である下町には水路や掘割が形成されて町人や商人の町がつくられていました。さらに階級による住み分けが、武士には武士に、町人には町人に相応《ふさわ》しい住まいや生活文化を培う基盤をつくり、暮らしに合った独特の生活空間を形成することになったのです。

建物は、パリやローマに象徴されるヨーロッパの都市のように、頑丈な壁や門によって外部から閉ざされてはおらず、例えば町人が暮らした長屋のように、木戸や障子などの日本独特の建具によって室内と屋外とが一体となり、縁側や土間を通して外に開かれていて、まさに自然と親しい関係にありました。江戸という町が自然や地形を活かして、いかに合理的で調和のとれた美しい都市であったかを想像することができます。

自然と言えば、下町を中心とした水との関わりも見逃すことはできません。現在の東京のようにレインボーブリッジがかかり、浜辺が護岸されて工場や倉庫が建ち並ぶ無味乾燥なものではなく、隅田川などの川辺では、手を伸ばせばすぐに水面に触れられるような親しさがあったのです。河川や掘割は交通の機能として、物流や商業の発展にも大きな役割を果たしていました。文化面でも重要な地域で、夏は花火見物や舟遊びなどの多彩な遊楽の地として、また芝居小屋などの娯楽施設も集中していたので、自然に人びとは水辺に集まっていたはずです。

　このように水の利用が江戸の町づくりに欠かせない要素だったことがわかりますし、実際、江戸はイタリアのヴェネチアに譬《たと》えられるような水の都でした。江戸期の東京は、自然との調和を図りながらも、一方で、高度に発達した享楽的な都市という一面ももち合わせていたのです。

　先に述べたように、現在の東京にもこのような江戸の痕跡は引き継がれています。下町はもちろんですが、例えば港区の住宅地を歩いていると「新富士見坂」「狸《たぬき》坂」「南部坂」といったたくさんの坂があって、その名称からかつては富士山を見ることができたのだなあ、たぬきが住むような場所だったのだなあ、南部藩の大名屋敷があったのだなあと想像することができます。少し意識して町を散策すれば、今でも江戸の風情を偲《しの》ぶことのできる地名や場所がたくさん残っているのです。

　ところが、そうした昔からの繋《つな》がりを実感できる貴重な場所や風景が次々に消されてしまっているのが現在の東京です。そのスピードは速く、極端な話、私が海外出張から戻ってくる度に、「あの建物が解体されてしまった」とか、「この空き地には何があったのだろうか」と考え込んでしまうようなことが日常化しています。それにもかかわらず、自分の暮らす地域が、知らないうちに変化することに対して、皆無関心で、疑問を感じる様子もないのが残念でたまりません。

東京オリンピックからバブル期の東京

私が東京を都市として意識したのは今から半世紀前、大学で建築を学んでいた一九六四年の東京オリンピックの頃です。新幹線が開通し、地下鉄が通り、国道などが整備され、川や道路の上に首都高速ができました。日本の技術の粋を集めて東京オリンピック開催のための都市改造が急ピッチで進められたのです。日本全体がすごく高揚していた時代でした。

建築の世界では、丹下健三[*1]さんが国立代々木競技場の体育館を設計し、国全体がその完成を待ち望んでいた時代でした。今回の新国立競技場を巡る一連の騒動とは大違いです。丹下さんは私の大学の教授でしたが、オリンピックで多忙を極め、授業にはほとんど現れませんでした。しかし完成した建物はすばらしく、日本の建築デザインの実力を世界に示すことになりました。半世紀という時間が経ちましたが、前回と今回のオリンピックに対する人びとの温度差が、巨大都市・東京への見方の変化を如実に表しているように感じます。日本の近代化は、東京オリンピックから一九七〇年の大阪万国博覧会に至る過程で一息つきました。七〇年代に入ると高度経済成長も一段落し、建築という分野は、新しいあり方を求めて思索の時代に入ったのだと思います。そんな時期に私は小さなアトリエをつくったのです。

八〇年代になると、日本は再び活気を取り戻してきます。ホンダ、ソニー、トヨタといった企業が海外に進出していって成功を収め、プラザ合意*2などの政策も重なって、八〇年代末に日本は空前のバブル景気に沸きました。六〇年代との違いは、都市開発の主導権を国ではなく民間が担っていたことです。

私にとってバブル期の東京の様相は今でも深く印象に残っています。それはなぜかというと、その頃の東京は民間主導の中小規模の個性的な再開発によって活気を取り戻し、何でも受け入れようという心意気があり、未来に対する期待があったからです。現在、「バブルは悪だった」と言われていますが、文化という面から考えれば悪いことばかりではありませんでした。別の見方をすれば、誰もが資本主義を信頼していたし、実際に現在よりも健全な資本主義が営まれていたのだと思います。

この時期、現在の中東地域や中国のように世界中から先端的な建築家やデザイナーが仕事を求めて来日し、レストランやホテルなど、多くのプロジェクトを手がけていました。例えば、ロンドンの建築大学院ＡＡスクールで教鞭をとっていた建築家のナイジェル・コーツがデザインしたレトロ感あふれるレストランなどが話題になりました。彼はロンドンの街をショートパンツ姿で自転車を乗り回しているような不思議な風貌の人物で、話題の作品をいくつも発表して建築界のヒーロー的な存在でした。私は彼と一緒に東京でワークショップをやっていろいろな刺激をもらったものです。他にもイタリアデザイン界の巨匠エットレ・ソットサス[*3]の家具や照明が商品化され、倉俣史朗[*4]さんがデザインしたショップやカフェが次々とオープンして話題を集めていました。

都市遊牧民たちの居場所として

私も、一九八六年に六本木に「ノマド」というレストランバーをつくりました。たった一年半だけの仮設のレストランでしたが、そうしたはかない存在だからこそ、実験的なデザインにもチャレンジすることができたのです。この仕事を依頼してくれたのは小さなディベロッパーだったのですが、若いのに勢いがあり、「お金は自分がもっていると考えたら途端にだめになるんだよ。川の流れみたいにいつも流れているものなんだ。右から入って左へ流さない限り、儲からないものなんだよ」と言われたことを、今でも覚えています。まさに資本主義の根幹をついた言葉だと思います。

もっと極端な例では、ある建築家が原宿につくった建物は、完成してすぐにその土地が売却されたために一度も使われることなく取り壊されてしまいました。当時はまさにバブル経済の真っ只中《ただなか》、土地や株価が高騰し、建物よりも土地の価値が圧倒的に大きく、土地を売買するために建物を設計するというとんでもないことが日常的に起きていた、熱に浮かされていたような時代でした。私自身も毎晩のように飲み歩いていて、タクシーも拾えず、ネオン街を酔っぱらってさまよっていると、夢なのか現実なのかわからなくなってしまうほどに、享楽的な、でも圧倒的な活力に満ちた東京がとても気に入っていました。

渋谷の西武百貨店の企画だった「東京遊牧少女の包《パオ》」も、あの時代ならではのプロジェクトでした。一九八六年に男女雇用機会均等法が成立して、女性も男性と対等に仕事ができる時代になり、都会でしっかり仕事もしてプライベートも楽しんでいる元気な独身女性たちが登場します。

そこで、東京を舞台に空間や物に縛られない、自由な生活を満喫する若い女性のライフスタイルをイメージして、彼女たちの住まいとして最低限の家具や必需品だけを納めたパオのように仮設的な住まいを提案しました。その頃から若い女性が消費の主導権をもつようになって、おいしいレストランやユニークなショップ、おもしろい雑誌やイベントといった最先端の情報を誰よりも知っていました。同じ頃、東京の都心にはコンビニエンスストアや夜中までオープンしているカフェ、クラブなどができ始め、彼女たちはそれらを回遊しながら、まさにノマド(遊牧民)的なライフスタイルを満喫していたのです。

しかし、あれから四半世紀が過ぎた今、コンビニもたくさんできて都市の生活は当時より便利になりましたが、その一方で、インターネットカフェなどで寝泊まりせざるを得ない人びとが増えています。かつて夢だったノマド的な生活が、現在ではむしろ悪夢のようにリアルな問題に置き換わってきています。

日本はバブル期を境に生産から消費の時代へと大きく転換し、消費社会に邁進《まいしん》しました。

八〇年代はまだ企業の成長が見込まれて終身雇用が当たり前でしたが、今は非正規雇用が四割近くに迫っています。企業は利潤が上げられないからと正社員を解雇して、非正規社員を増やすことによって人件費を削り、リスクを回避する。そのことに対して誰も異を唱えることができません。そうした歪《ゆが》みが非正規社員やフリーターという立場で仕事をせざるを得ない人びとにのしかかり、リアルな東京遊牧民を生み出す原因になっている……。何とも皮肉な話です。

その頃、考えていたこと

八〇年代の東京を振り返れば、享楽的で退廃的な要素に批判もあったにせよ、高揚感に満ち、さまざまな文化や価値観を受け入れる度量の大きさがあったと述べました。一方、爆発的な勢いで何もかもを呑《の》み込んでしまう都市に対して、建築がどう対峙《たいじ》すべきなのか、私自身の立ち位置、建築の未来を探ってもいました。二〇〇〇年に刊行した『透層する建築』（青土社）の一部（一部分改変）を抜粋します。

正直なところそうした苛立ちの感情はいまでもないわけではないが、しかしそうした状況を批判しても始まらないと最近は思っている。空虚な消費記号は日々増幅され、自閉気味の建築学生も増えているけれども、そのなかにある新しい都市生活のリアリティを垣間見ることができるような気もしてきたからだ。自閉気味の学生たちにいくらもっとオープンに生活を語れと叫んでも、それはＴＶを見ながらハンバーガーを食べている子供にＴＶを消して親と会話しながら食事しようと言うようなものだ。それよりもわれわれはハンバーガーのおいしく食べられるダイニングテーブルを発見すべきではないか。カフェバーの大テーブルを嫌って焼鳥屋のカウンターにすがりついているよりはカフェバーの大テーブルに新たなリアリティを発見するべきではないのか。私は御影石やメタルの大テーブルの前に座るたびにそこに付着しているゾクゾクさせる消費記号を剝ぎ取って、単に宙に浮かんでいる厚さも重力感もない円盤のようなテーブルにしてしまいたいといつも思う。あの大テーブルのまわりには、皆が大きなテーブルを囲んで食べたり飲んだりしたいというきわめてプリミティヴな欲求と、隣り合わせていても素知らぬ顔で飲んでいられるという孤独への欲求とが混在している。ノスタルジーがファッションと結びついて疑似的なものの存在感に置き換えられている。この中途半端なものの状態を解き放って、恐怖を感じるほどの虚の世界へものを消去してしまうことだ。リアリティは消費の手前にあるのではなく消費を超えた向こう側にしかないような気がするのである。だから消費の海を前にしてわれわれはその中に浸り、その中を泳いで対岸に何かを発見するしか方法はないのだ。海岸に立ち尽くしてみたところで水かさは増すばかりだから、泳ぐことを拒絶することも、あるいは茫然と水に呑まれていくこともできないはずである。

しかし空虚な記号で充満された消費的な現代の社会が、われわれの身体をクールなアンドロイドのように変換しているにもかかわらず、生の最も根源的な行為への問いかけを繰り返すという事実は興味深いことである。食べるというきわめてプリミティヴで単純な行為をこんなに徹底的に触発した社会はこれまであっただろうか。過剰なソフィスティケーション、過剰な虚飾、およそ想像の及ぶ限りを尽くして消費社会は食に迫り、食を問いかけてくる。都市では日々信じ難いほどのスピードで新しい飲食店がつくられ、変わっていく。デパートの食品売り場を埋め尽くすきらびやかな食料品、雑誌、ＴＶの食に関する夥しい情報、それらはまるでヒッチコックの「鳥」のように人びとを襲い、人びとを食べてしまわんばかりの凄まじさである。

ところが一九九一年にバブルがはじけて以降、東京はバブル期を否定するかのように、急速に奔放な磊落《らいらく》さを失ってしまいました。平穏な静けさのなかで、開発だけはどんどん進んでバブル期以上に新しい街へと更新されている。より魅力的な都市になるなら問題はありませんが、どれもこれも同じような開発で都市生活のリアリティは希薄になるばかりです。そんな東京に対して私はどうも魅力を感じなくなってきています。

世界でもっとも安全安心な都市

現在の東京は、二〇二〇年の東京オリンピック開催を目指して、大規模な都市再開発や建築プロジェクトが目白押しです。ところが、そうしたプロジェクトは人びとの意識にのぼらないうちに粛々と進められ、東京を変貌させています。

なかでも、大手ディベロッパーによる大型都市開発プロジェクトがたくさんあります。

少し前には新聞の一面を使って、鉄道会社グループによる超大型複合施設の大きな広告が掲載されていました。まさに最近の大型プロジェクトの典型でしょう。そこには新たな都市開発の宣伝文句として、世界に誇れる街が東京に新たに誕生する、暮らし、仕事、遊びが一体となったすばらしい環境が生まれる、といった内容が書かれていたのですが、正直、私は違和感を覚えました。

昔ながらの住宅地が次々に再開発されて、高層ビルに建て替わっています。実際、東京ではこうした開発が何度も繰り返されていますが、建物や一定の地域が更新され続けることが、本当に人びとの営みにとってよい環境になっているのか、世界に誇れる都市になっているのかどうか、私は疑問に感じています。大切な何か、取り返しのつかない何かが失われているからです。

東京は世界でもっとも安全安心な都市、建物やインフラの精度が高い都市だと言われています。今回の東京オリンピック招致の際には、「世界でもっとも安全な都市」ということを売り文句にしていました。けれどもそれを裏返してみれば、東京は恐ろしいほど均質であり、管理された都市であるということです。そして、そこに暮らす人びとはただおとなしく、従順であることを求められているのではないでしょうか。

東日本大震災以降の東北地方の街の復興でも、嫌というほど安全安心という言葉が使われました。ではそれがいったい何を意味するのでしょうか。何十メートルもの巨大な防潮堤をつくって海と陸を乖離《かいり》させ、山を削って宅地化し、近代の均質主義に則《のっと》ってどこも同じ公営住宅を建て、まっさらな街をつくって人びとを移住させる。それらは、被災者の方々をそれ以前の環境や営みから切り離し、人工環境に閉じ込めているとしか思えません。

現在の土木や建築技術を使って実現した安全安心は技術によって自然を克服できる、という思想をさらに助長させることになります。絶対安全だと言われていた原発施設があんなに脆弱《ぜいじやく》だったことを見せつけられたにもかかわらず、です。

東京という都市は、先にも述べたように、江戸時代に構想され、地形を活かして緑と水辺との調和を実現した稀有な存在でした。江戸に幾度も起きた震災、明治維新、関東大震災、第二次世界大戦と、東京は何度も破壊され復興を遂げてきましたが、その都度、歴史を尊重し、自然の摂理にそった、理にかなった町づくりが行われてきました。

先ほども触れた、陣内秀信さんの『東京の空間人類学』には次のようなことも記されています。

明治期を中心に近代の東京の姿を見ていくと、様々な次元において欧米の都市に近づけようとする様々な試みが貪欲に進められたにもかかわらず、実際に登場した東京の都市空間は世界の他の都市にはないきわめて独特の容貌をもっていたことがわかる。それは、江戸から受け継がれた都市の歴史的・文化的文脈、あるいは人々の間で共有された都市のスケール感や空間感覚といったものが深層において常に東京の都市空間のあり方を方向づけてきたからに他ならないのである。

陣内さんのご指摘のとおり、今までの東京の町づくりの基本構想は明治期以降も受け継がれていました。ところが最近は、まるで江戸以来の歴史や文化、自然との調和、近隣との繋がりを打ち消すように、この都市がもっていた親しみやすい庶民性や身体感覚を希薄化させて、技術に頼り切った高精度で人工的な空間にすり替えようとしています。歴史や自然を無視してつくられた都市が本当に世界に誇れるのでしょうか。

都市のシステムやインフラの精度についても同じことが言えます。東京の交通システムは、電車がたった一分遅れてもみなイライラするほど精度が高い。でもそうやって精度をひたすら上げていった先には、ゆとりのない、ひたすら神経質な、容赦のない社会の姿しか想像できません。いや、日本人はこうした社会を理想とし、実現させようとしているのでしょうか。いったい、私たちは未来に何を求めているのでしょうか。

均質なグリッドの世界

東京の建物もやたらと精度のよさ、経済合理性だけが評価されています。

二〇〇五年、私は東京湾岸地区にあった三菱製鋼の広大な工場跡地に建った「東雲《しののめ》キャナルコート」というＵＲ都市機構による賃貸の大規模集合住宅のプロジェクトに、山本理《り》顕《けん》さん、隈研吾《くまけんご》さんら六組の建築設計事務所とともに参加しました。

この集合住宅は賃貸ということもあり、設計に際しては分譲のものよりはいくらか自由度があるのかなと思っていたのですが、何事も経済合理性や管理のしやすさが優先されました。ＵＲは全国にたくさんの集合住宅をつくっています。その実績から収斂《しゅうれん》されたマニュアルがあり、そこから外れることがほとんどできませんでした。

例えば、各戸の住戸のスパンは六メートルと決められていました。経済合理性から導き出された数字です。私は空間的にもう少し自由度の高い三メートルの箱状のユニットを提案しました。このユニットを組み合わせることによって、住民自身がある程度自由に空間をつくれるようになるだろうと考えたからです。ライフスタイルやライフステージによって、住民が主体的に住宅を選択することができるし、各ユニットの隙間にテラスなどを設ければ共有スペースにも使えます。ところがプロジェクトの担当者は一定の理解を示してくれたものの、テラスの管理は誰が行うのか、ユニット制はリスクが高いなどと、私たちの意図が反映されることはありませんでした。

今ではこの集合住宅の周辺には民間ディベロッパーによる高層マンションが林立し、まるで壁に取り囲まれた窪地《くぼち》のようになってしまいました。ディベロッパーにとって、マンションは大切な売り物ですから、眺望のよさや建物の豪華さといった商品価値を高めることが重要でしょう。しかし、高層ビルが建てば、もともとの住民たちは景観や日照を失うばかりか、ビル風の影響も受けることになります。何より見慣れた風景を失うことになる

近未来の東京のイメージ

のです。しかし、そうした心理面への配慮は感じられません。
　こうした東京の現状を憂いて、私は事務所の若いスタッフと一緒に近未来の東京のイメージを描いてみました。それは都市が果てしなく続く均質な格子に埋め尽くされていくグリッドの世界です。ここは限りない均質な世界なので、どこで仕事をしようが、建物の北側に住もうが南側に住もうが、二階だろうが五〇階だろうが同じ人工環境です。
　このように自然を排除し、徹底的に管理された人工環境で暮らすということは、ケージに入れられた鶏が毎日卵を産めと言われているのと同じではないか。つまり、経済発展を最優先させ、その実現のために生産性や効率性を追い求めた結果、みんなが恐ろしいほど均質な環境に住まうことになります。そのような都市で生きていると、人間も生気のない、ニュートラルな存在になるのではないでしょうか。

今後さらに均質化が進むと、ひたすら静かな、その静けさが凝固して冷凍化され、まるで冷凍庫の中に住んでいるような世界が当たり前になって、結局、人間は静かに安全に何事に対しても疑問をもつことも騒ぐこともなく生きて、そして死を迎える、そんな世界を想像してしまうのです。

今から四五年前に、三島由紀夫は『サンケイ新聞』一九七〇年七月七日夕刊に「果たし得ていない約束」と題し、次のような文章を寄稿しています。

私はこれからの日本に大して希望をつなぐことができない。このまま行ったら「日本」はなくなってしまうのではないかという感を日ましに深くする。日本はなくなって、その代わりに、無機的な、からっぽな、ニュートラルな、中間色の、富裕な、抜目がない、或る経済的大国が極東の一角に残るのであろう。それでもいいと思っている人たちと、私は口をきく気にもなれなくなっているのである。

私は近代主義思想を徹底していくと、三島の想像した日本に近づかざるを得ないと考えます。もちろんこの傾向は世界中で見られますが、もっとも徹底されているのが現代の日本であり、東京であるという気がしています。近代主義が内在する本質は、要するに自然との関係を断ち切る、あるいは歴史との関係を断ち切るところから始まります。

連続する都市、生きられた建築

急逝したザハ・ハディドによる新国立競技場を巡る議論[*5]の本質は、まさにここにあると言えるでしょう。明治神宮の内苑・外苑という歴史のある神聖な土地に、それらを無視した近代主義の象徴のような巨大建築が「未来的」と言われて入り込んでくることに対して、多くの都民と良識のある人たちは耐えられなかった。とくに多くの女性たちが嫌だという反応を示したことが印象的でした。

その背景には、東京にはザハ案ではないもっと別の選択肢があるはずだ、東京はもっと独自の都市であるべきだと考えていた人が多くいたということがあります。今のようにどこも同じようなビルが建ち並んで歴史が消えていくことが続くと、東京は本当に魅力のない、生気のない都市になってしまう。江戸から引き継がれている都市の文脈を何とか現代に繋げる方法を探らねばならないと、たくさんの人が気づいたのです。私自身も新国立競技場建て替えという問題を突きつけられて、多くのことに気づき、考えました。

昨年、動物などをモティーフに独自のリアリティを追求している現代美術家の名和晃平さんの展覧会を観に、谷中にあるスカイ・ザ・バスハウスというアートギャラリーに行きました。もともと銭湯だった場所をコンテンポラリーギャラリーに改装したユニークなスペースです。代表である白石正美さんが近くにある「萩荘」という二階建ての木造住宅をリノベーションして、レストランやカフェやイベントスペースにしているところに案内してくれたのですが、そこはこのあたりの住民たちから「みんなの家」と呼ばれているらしいのです。

「みんなの家[*6]」は、東北で私が言い出したんだよと冗談で返しましたが、東京の都心にこうした場所があって賑《にぎ》わっていることにとても好感をもちました。私が東北の被災地につくった「みんなの家」は、東北のおじいさんやおばあさんにとっての「みんなの家」になってほしいという想いからネーミングしました。最初は名前が格好よくないと言われたのですが、使ってくださる人にとって、まるで「自分の家」のような存在になってほしいという視線はとても大切だと思うのです。

これからの若い建築家は、雑誌や新聞に大々的に取りあげられるような仕事ではなくても、街並保存や空き家改修などを行いながら、その場所で新しいことを立ちあげるようなプロジェクト、地元に密着し地元の人たちに愛されるような活動に目を向けてほしい。なぜなら、そうした仕事にこそ可能性があるのではないかと思うからです。

実は私も大阪のURから千里ニュータウンのひとつである青山台団地の敷地活用についての、リノベーションの相談を受けています。千里ニュータウンはURが、「大ロンドン計画」というロンドンへの人口集中を克服するための都市計画を参考につくった、多摩ニュータウンと並ぶ典型的な大都市圏の郊外型ニュータウンです。

そのひとつである青山台団地は、土地の高低差を活かして芝生が植えられ、子どもの遊び場が設けられるなど、外部空間がとてもよくできていて、今では木々も育って公園のような気持ちのいい環境になっています。ところが、昔から住んでいる住民が高齢になったためか、せっかくきれいなランドスケープがあるのになかなか外を出歩かなくなってしまった、そこで何とかならないだろうかというのが、相談の主旨でした。

私は以前からやってみたいと考えていた「クレーター・プロジェクト」を提案しました。それは団地の敷地内に小さな円形の土地を与えて、花壇や畑、日陰棚のある小さな休憩所などをつくってもらい、各自が自由に、でも責任をもって土地を管理してもらうのです。そうすれば、住民がもっと屋外環境に興味をもってくれるし、互いの競争意識も働いて自慢し合ったり、楽しさも生まれるのではないかと考えました。幸い、URの担当者が提案を受け入れてくれて、実験的ではありますが、まず集会所の庭先にバーベキュー・テーブルを設置し、その周辺にハーブのクレーター（畑）をいくつかつくることになりました。

この青山台団地は五階建ての住宅なのですが、エレベーターがないので上層階には高齢者はなかなか住めません。そこで上層階を若い人向けに改装して住民の入れ替えを進めています。改装には無印良品も参加しているので人気が高く、若い住人も徐々に増えていると聞いています。

一方、私たちは、高齢者が多い一階部分のリノベーションを企画しています。各住居を外部とアクセスしやすくしてくださいという要望を受けて、空き家になった住戸から順番に外のテラスに繋がる土間をつくっていく予定です。互いがアクセスしやすくなれば住民全体で高齢者を見守りやすくなるでしょう。

こうしてみるとURも東雲の頃とはずいぶん変わってきていて、すでにあるものをよりよくしていこう、室内と屋外を行き来しやすくして、住民同士の交流が生まれやすい開かれた住宅をつくっていこうと考えるようになっていると感じます。

二〇一一年に亡くなった評論家の多木浩二さんが一九八四年に出版された『生きられた家　経験と象徴』（青土社）という著書があります。そこで多木さんは、建築家が設計する住宅を近代主義の産物としてとらえているのですが、住宅にとってもっとも大切なことは人が暮らした時間や痕跡であり、それこそが住宅に命を与えるのだと言っています。つまり建築家がつくるようなモダンな住宅は、人が暮らす家とは言えないと言いたかったのでしょう。

この本の刊行当時は世の中が近代化の過程にあって、建築界も歴史や地域性（場所の違い）への配慮には無関心でした。しかし、ここにきてようやく人間の営みに着目し、過去から未来へと連続することの大切さを考える時代になってきたと思います。過去に戻ることはできないけれど、最先端のテクノロジーを使いながら自然や歴史と繋いでいく、そんな住宅をつくることは可能です。建築家の立場で言えば、今ものすごい勢いで建設されている、均質できれいなだけのマンションを設計することほどイージーで、楽なことはないのです。

新国立競技場の問題でも、スクラップアンドビルドという資本主義的な都市づくりや国の方針に何らかの疑問を感じる人たちが一定数いて、声を上げた。だからあれだけの反対運動に発展したのだと思います。新聞などのメディアはもっぱら予算の問題として報道しましたが、問題の根源にあったのは、あのデザインや巨大さ、また歴史を踏みにじられることへの違和感が大きかったのだと思います。

戦後の日本は、資本主義、それを支える近代主義をバックボーンとして、都市の人びとの生活や価値観までを変えてきました。ではいったい近代主義の本質とは何なのでしょうか。次章ではそれを明らかにしたいと思います。

註

＊1　丹下健三　建築家、都市計画家。一九六四年開催の東京オリンピックのために、東京・代々木に「国立代々木競技場 第一・第二体育館」を設計した。吊り橋の構造技術を応用した、内部に柱をもたないダイナミックな曲面を描いた建物。代表作のひとつとなった。二〇〇五年死去。

＊2　プラザ合意　為替レートの安定化（ドル高是正）のために、一九八五年九月二二日、米国ニューヨークのプラザホテルで先進五カ国（日・米・英・西独・仏）の蔵相・中央銀行総裁が討議して発表した合意事項。

＊3　エットレ・ソットサス　ミラノを拠点に活動した建築家、インダストリアルデザイナー。八〇年代には、若手デザイナーらと結成した「メンフィス・グループ」を主宰。ポストモダン運動の中心的存在となり、当時の建築・デザイン界に多大な影響を与えた。二〇〇七年死去。

＊4　倉俣史朗　インテリアデザイナー。ガラス、アクリル、エキスパンドメタル、テラゾーといった多様な素材を駆使して、独創的な店舗空間や家具をデザイン。八〇年代には、「ISSEY MIYAKE」のブティックをはじめ話題作を発表した。一九九一年死去。

＊5　ザハ・ハディドによる新国立競技場を巡る議論　二〇二〇年開催の東京オリンピックとパラリンピックのメインスタジアム「新国立競技場」のサイズやデザインに対して、日本の著名建築家た

ちが抗議し、市民を巻き込んで議論に。その設計案の白紙撤回後、隈研吾の案が採用された。ザハは二〇一六年四月に急逝した。

＊6　みんなの家　東日本大震災を受けて、建築家に何ができるかを問うために、伊東豊雄が提案し、山本理顕、妹島《せじま》和世らの若い建築家たちと一緒につくった集会所。仮設住宅などで暮らす人びとの憩いの場所を創出するプロジェクト。二〇一四年にはＮＰＯ法人「HOME-FOR-ALL」を設立。現在、その役割はコミュニティの回復だけでなく、子どもたちの遊び場、農業や漁業の再興を目指す人びとの拠点としても広がっている。

第二章　近代主義思想を超えた建築は可能か

近代主義がつくった現代都市

現代都市をつくる原動力となった近代主義思想とは、そもそも何なのでしょうか。人びとは自我を備えた「個」を確立することによって、中世以来ヨーロッパを覆っていた圧倒的なキリスト教の支配から解放されて理性を尊重する近代世界へ移行しました。これを受けて「個」の集合体である「都市」も変貌を遂げていきます。かつて人びとは共同体という古いかたちの人間関係のなかで、その一員として生きていました。それが自己を確立し個人を主張するようになると、共同体から独立して一個人が都市に集まり、市民社会を形成するようになります。

日本でも近代以前は、ほとんどの人びとは村落共同体で暮らしていました。それは、家族などの血縁、あるいは地縁によって結ばれた自然発生的な関係であり、人びとの心の繋がりによって成立し、経済活動においても「贈与」の精神が生きていました。

それが明治維新を経て第二次世界大戦後、一気に近代化が進むと、人びとは新しい職業を得るため、地方を離れて一個人としての暮らしを求めて東京へ、大都市へと大勢が移動してきました。対する大都市も戦後の高度経済成長を支える人材の大半を地方に求めたのです。

こうして日本は急速な勢いで近代国家をつくりあげ、市民社会を形成していきました。市民社会は自然発生的な共同体とは対照的に、目的の達成や利益を追求する、利害関係を基本とする機能的共同体と言えます。つまり、政治的に表現すれば、近代国家と市民社会は表裏一体なのです。

近代以前、人間は自然を畏れ、自然と共存しながら、農村などの運命共同体の一員として生きていました。生命科学者の中村桂子さんの言葉を借りれば、「人間は生きものであり、自然の一部」です。それが、人間の理性と個としての存在を尊重した近代社会になると、自然を征服しながら、知によって生み出される技術を進歩、革新させることによって、人間に都合のよいように世界を支配するようになりました。その結果、人間は自然から乖離された狭い人工物のなかで生きることになったわけです。これはまさに第一章で言った、空間をグリッド化し、そこで孤立して住んでいる人間のイメージとオーバーラップします。

工業製品のようにつくられる都市

これを建築に置き換えると、近代主義建築の思想の根幹は、日々発達する工業技術を利用して、短時間にあらゆる場所に高精度な建築を大量に建設するというものです。

言葉を換えれば、人間が暮らす空間をまるでひとつの「機械」としてとらえているということです。まさに機械論的世界像に基づいて、世界の都市を均質にしてきたわけです。近代主義思想に基づいてつくられた都市は、自然、地域性、そして土地に固有の歴史や文化を排除して成立しているのです。

その結果、近代主義に根ざしてつくられた建築や都市、とくに歴史の浅いアジアや中東の都市は、まるで工場で大量生産される工業製品のように均質になってしまいました。写真を見ただけでは、そこが香港かドバイか、はたまたジャカルタなのか見分けがつきません。しかし、こうした都市や建築のあり方が今後ますます世界中で拡散されることは確かです。

その典型的な例が現在の東京だと言えます。たった四半世紀しか経っていないのに、八〇年代のバブル期の頃の東京と現在の東京はまったく違う都市になってしまいました。

都市の繁栄は今後も続くのか

大半の日本人は、今後、人口は減少するけれども東京圏だけには人が集まり、繁栄するだろうと考えているように思います。しかし、東京都のデータによると、二〇二〇年をピークに、東京都の昼間人口が減り始めます。東京では当分人口は微増するけれども並行して高齢化も進み、その後減少に転じるというものです。そのとおりになるかはわかりませんが、かなり精度の高いデータではあると思います。

また、視点を世界に転じてみると、国連が発表した"World Urbanization Prospects The 2009 Revision"のデータによると、二〇一〇年頃までは都市人口よりも農村人口のほうが多かった。それが二〇一〇年頃には逆転して約六割が都市に住み、二〇五〇年には都市生活者の割合は約七割に達すると予測しています。地球規模で見れば、人びとはまだまだ都市へ向かって流れる傾向が続く。つまり近代化はさらに進行していくということです。

一方、エネルギー消費という視点から将来の都市を予測すると、二〇三〇年にはエネルギーの七三パーセントが都市で消費されるそうです。つまり、いくら省エネ、節電などと言ったところで、地球規模で近代化が推し進められる限り、エネルギー消費量は減少することはないということです。

それを裏づけるひとつのデータとして、千葉大学元教授の川瀬貴晴さんが二〇〇九年にまとめた試算があります。これによるとオフィスビルで働く一人あたりの二酸化炭素の排出量は一年間で平均二七〇〇キログラム。一方、オフィスワーカーではない人の排出量は二六〇キログラム。つまりオフィスワーカーはそうでない人の約一〇倍の二酸化炭素を排出しているということです。

これが何を意味しているのかと言えば、オフィスビルに代表されるような都市環境を快適に維持するためには、いかにエネルギー負担が大きいかということです。でもこのデータは都市が莫大《ばくだい》なエネルギーによって支えられている一例にすぎません。近代主義思想がもたらした近代都市がいかにエネルギーを必要としているかをご理解いただけるでしょう。

資本主義の本質

経済学の視点からも資本主義や近代主義が限界を迎えているという指摘が多くあります。例えば、経済学者の水野和夫さんは『資本主義の終焉と歴史の危機』（集英社新書）で、それを明解に示しています。

水野さんによると、資本主義とは「中心」が「周辺」、つまりフロンティアを広げることによって、利潤率を高め、資本の自己増殖を推進していくシステムのことです。ヨーロッパの資本がフロンティアを急激に拡大させていったのは、中世から近代への移行期である「長い一六世紀」（一四五〇年〜一六四〇年）の後半からですが、これ以降、彼らは地球のあらゆるところに出没し、フロンティアである途上国で資源や労働力を安く買いたたき、逆にできあがった商品を高く売りつけることで、利潤を獲得し、「中心」に集めた富で経済を発展させてきました。

一方、近代について水野さんはどう定義しているか。経済的に見れば、近代は「成長」と同義語だと水野さんは主張します。資本主義は「成長」をもっとも効率的に行うシステムですが、その環境や基盤を近代国家が整えていったのです。

その資本の自己増殖を「より速く、より遠くへ、より合理的に」行わなくてはならない、というのが近代の人びとが信奉してきた「信仰」です。イギリスの社会学者のアンソニー・ギデンズも、近代の特徴を資本の自己増殖の変動の速さと広がりだと言っています。つまり誰よりも速く遠くまで行って、誰よりも速く物を獲得することが、利潤の獲得と蓄積のためには必要なのだと思い込んで、近代資本主義のもと、人々は行動してきたのです。

ところが、「より速く、より遠くへ、より合理的に」という理念で動いてきた近代資本主義は、一九七〇年代に入ると、大きな行き詰まりを迎えます。

ベトナム戦争でのアメリカの事実上の敗北でフロンティアの拡大には、大きな困難が伴うことが明白になり、中東での資源ナショナリズムの高まりで原油価格は高騰し、以前のような買いたたきも不可能になりました。フロンティアをとおした利潤獲得が難しくなったのです。

こうした資本主義の限界を示す経済指標があります。異常なまでの利子率の低下です。長期金利は、資本が投資したときのリターン、つまり利潤率と近似値を示すのですが、日英では一九七四年、アメリカでは一九八一年以降、長期金利が下落し、ついに現在では、日本をはじめ先進国の多くの国々で、国債の長期金利はゼロを割り、いわゆるマイナス金利となっています。資本を投下しても利潤が得られない。これが資本主義の終焉の証拠です。

金利の推移を見てわかることは、拡大志向の資本主義は、金利が下落した一九七〇年代が、本来ならば「終わりの始まり」だったということです。ところが、アメリカは無理に資本主義の延命策を図ります。海外の途上国との交易などの実物経済の限界をいち早く察知したアメリカは、ウオール街を「中心」にする金融帝国をつくり上げました。つまり、実物経済から金融経済への転換です。

しかし、そうした金融経済は、バブルの多発を伴う非常に不安定なものです。大きなバブルが崩壊するたびに、世界経済は大混乱に陥り、金融システム危機を救済するために公的資金が投入され、そのツケは一般国民に回されます。その結果、需要はしぼみ、経済は停滞し、再び「成長」を目指して金融緩和や財政出動といった政策を総動員するという現象が繰り返され、次なるバブルが用意されるという混乱のループから逃れることができません。

都市を向いた建築の限界

「より速く、より遠くへ、より合理的に」という近代の信仰を、資本主義と近代が終わったこの時代に信奉していると、より速い合理的な解決は困難になり、近代の目指す方向とは逆の方向に流されてしまう。このことは、リーマンショック後の後遺症から抜けられない経済分野に限りません。

今、世界で生じている未曾有の事態は、成長し続けるという前提がもはや成立しない時代に成長を求めるがゆえに起こっているのです。

建築の視点で鑑みるならば、近代主義、資本主義の象徴であった「都市」、工業製品のように均質につくられる「都市」、人の生活さえ金儲けの対象にしてしまう「都市」、このような都市を向いた建築だけでは、もはや私たちの目前に立ちはだかる問題を解決することはできないと思うのです。

では、どうすればよいのか——。私は都市ではない場所に目を向けることから始めたい。そして、「より速く、より遠くへ、より合理的」にという強制から解放された生活から、これからの建築を考え直したいと考えています。

成長という呪縛からの解放

京都大学教授の広井良典さんは公共政策という視点から、著書『定常型社会　新しい「豊かさ」の構想』（岩波新書）で、成長しなければならないという呪縛が、いかに私たちを不自由にし、大切な多くのものを失わせているかと述べています。

確かに、建築の世界で言えば、むやみに自然を壊す土木事業、無駄としか思えない公共事業が実施され、そのツケは若者に回されます。これはまさに未来への芽を摘み取っている行為に他なりません。成長・拡大し続けなければならないという呪縛から解放され、定常型社会を前提とすれば、新しい社会や生活が見えてくると思うのです。

宗教学者の中沢新一さんも言っていますが、日本人が思う自然の風景とは、荒々しい大自然ではなくて、人びとが長い歳月をかけて育ててきた水田や棚田のある里山の風景です。

そこには風景と調和した集落があって、集落にある家は庇《ひさし》や縁側で自然と繫がっています。西洋の建築のように明快に外と内の境界がない集落や住宅で暮らしていた日本人が、明治維新で輸入された「文明開化」にそって、西欧建築や都市づくりを行ってきた結果が現在の東京なのだと思います。

一言で言ってしまえば、思想が変わらなくてはだめなんだ、ということです。

金融政策、財政政策、規制緩和などの大企業優遇政策を実施し、上辺だけの地方創生のためにお金をばらまいても、今起きている問題は解決できません。豊かさや幸福といった、もっと根本的な部分の思想を変えることこそが、今求められていることなのです。

「経済の豊かさより心の豊かさへ」という転換。それを建築や都市に置き換えてみるとどうなるのでしょうか。私は、次の四つに集約されるのではないかと考えています。

一、自然との関係を回復する
二、地域性を取り戻す
三、土地に固有の歴史や文化を継承する

四、人びとの繋がりやコミュニティの場をつくり直す

私は現在、いくつかの建築プロジェクトを抱えていますが、いずれもこの四つのテーマからそれぞれのコンセプトを探っています。それに応じて、設計プロセスも以前とは大きく変わってきています。

岐阜「みんなの森　ぎふメディアコスモス」では自然と建築との今日的な調和を目指し、「大三島プロジェクト」は瀬戸内という地域独自の風土や文化に根ざしたコミュニティをいかに再構築できるかに挑戦しています。また「信濃毎日新聞社松本本社」や「水戸市新たな市民会館（仮称）」では、そこに暮らす人びとが集い、主体的に活動できるコモンスペース、地方都市における新しい公共建築のかたちを模索しています。いずれも東京のような大都市では実現することが難しい、しかしこれからの建築を考えるうえで欠かすことのできない、先に掲げた四つのテーマから発したプロジェクトです。

次章からは、私が現在取り組んでいるこれら地方でのプロジェクトを通して、みなさんとともにこれからの建築について考えていきたいと思います。

第三章　地方から発信する脱近代建築
——岐阜「みんなの森　ぎふメディアコスモス」

メディアテークからメディアコスモスへ

岐阜県岐阜市の「みんなの森　ぎふメディアコスモス」は、東日本大震災の一カ月前にコンペティションの最終審査が行われ、四年後の二〇一五年七月にオープンした、ギャラリーやホール、図書館などを備えた公共施設です。

細江茂光岐阜市長が、単なる図書館ではなく、たくさんの人が集まって何かが生まれるような場所をつくりたいと要望され、私は二〇〇一年に開館した「せんだいメディアテーク*1」を参考にそのプログラムを考えることにしました。

岐阜市は、人口約四一万、最近では名古屋のベッドタウンとして転居してくる人も多いと聞いています。地理的には織田信長の居城があった金華山《きんかざん》や長良川《ながら》があり、自然も豊かです。地下水にも恵まれた地域ですが、川の南側は緑地が少なく、岐阜駅、長良川、金華山を繋ぐ緑のネットワークをつくろうと中心市街区の緑化が進められています。

「ぎふメディアコスモス」の敷地は、ＪＲ岐阜駅から長良川に向かって二キロメートルほどの場所で、岐阜大学医学部の移転後に市が買い取ったものです。ここに「みんなの森」という緑地をつくり、さらに図書館を中心とした「ぎふメディアコスモス」を建設して市民に活用してもらおうという計画でした。隣接地には将来は岐阜市庁舎の建設も予定されています。

建物は九〇メートル×八〇メートルの二階建てで、一階にはオープンなギャラリーや小ホール、また市民のための多目的スペースがあり、二階が岐阜市立中央図書館です。建物の南側の敷地にはイベントやマーケットができる「みんなの広場 カオカオ」を、西側は一般道路と並行して二四〇メートルのプロムナード「せせらぎの並木 テニテオ」があり、東側、北側もできる限り植栽して緑化を進めています。

上）「みんなの広場　カオカオ」
下）「せせらぎの並木　テニテオ」©中村絵

プロムナードは幅が三〇メートルもあって、長良川の豊かな伏流水を活かした水辺の内側に桂《かつら》の木を四列、外側に山桃などの常緑樹を二列植え、中央の幅八メートルの歩道ではイベントのときにテントを並べることもできます。デザインにはランドスケープアーキテクトの石川幹子さんに参加いただきました。みんなの森に相応しい誰もがゆっくり寛《くつろ》げる場、自然と共存する建築になりました。

「せんだいメディアテーク」や「ぎふメディアコスモス」に限らず、図書館を中心にした施設は老若男女、多様な人びとが集まり、コミュニティの中心的な役割を果たせる公共空間であると言えます。「せんだい」を進めていた頃は、書籍がデジタル化されていくと図書館に人は来なくなるのではないかとも言われていました。しかし結果的には、ますます図書館に人が集まるようになって、そんな意見は自然消滅しました。

もちろん現在の図書館は、コンピュータを使った検索は当たり前でデジタルコンテンツも多数収集されるようになり、IT化は進んでいます。けれども人びとが図書館に来るという行為には、本を読んだり知識を得ることよりも、むしろその場所に行かないと得ることができない、デジタルでは経験できない、もっと感覚的、身体的に何かを得たいという

「せんだいメディアテーク」©宮城県観光課

欲求が隠されているのではないかと思います。

空間の流動性から空気の流動性へ

建築の視点から鑑みると、「ぎふメディアコスモス」は「せんだいメディアテーク」に対する私自身の反省として成立しているとも言えます。それは一五年という歳月を経て、建築に対する考えや姿勢の変化を表しているのです。

もっとも大きな変化は「空間の流動性から空気の流動性へ」という点です。

私は「せんだいメディアテーク」以前、一九九一年に完成した「八代市立博物館 未来の森ミュージアム[*2]」の頃からずっと、まるで外部にいるような内空間をつくりたい、建物の内と外を可能な限り近づけたいと考えていました。ですから「空間の流動性」というテーマには何度もチャレンジしていて、ある程度は近づけていたと思います。しかし正直に言えば、超えられない一線がありました。

つまり「メタファーとしての森」とか「メタファーとしての林」とか、自然を模した人工的な空間で止まっていたのです。人間は動物なのだから外にいるときがいちばんリラックスできるはずだというのが持論ですが、建物の内部は自然をイメージしてつくっても、どうしても人工的になってしまうことが自分でも気になっていました。所詮、建築は建築として完結してしまい、内と外とが連続しないのです。どうやったらそこから一歩抜け出すことができるか考え続けていました。

「ぎふメディアコスモス」は、敷地が緑や伏流水などの自然の要素に恵まれていたこと、建物を低層でつくることができる十分な広さがあったことなど、地方都市だから許される好条件が整っていました。実際、建物の三方向にゆったりしたテラスや外の風を感じられる読書スペースを確保し、自然光や外の空気を建物の中まで流動させることがかなり実現できました。

ここを訪れた人の多くが「爽やかな空気の流れを感じられた」と語ってくれていたのを

聞くと、ようやく内と外の一体化した建築に一歩近づけられたと思います。

人間は多様です。温度に対する感じ方も男女や年齢によっても差がありますし、その日の体調によっても変わってきます。光に対しても明るい場所が好きな人もいれば、薄暗い場所のほうが落ちつく人もいる。訪れた人がその日の気分や体調によっていちばん気に入ったところで過ごせるように、建築はそれに応えていかなければならないのです。

ここにきて私の建築は大きく変わったと感じています。近代主義建築はどのような場所であれ地域であれ、建物の内と外をはっきり分けることによって人工的で均質な内部環境を目指してきたのに対し、これからの建築はその場所特有の空気や熱環境と繊細な関係を保つことによって、多様な内部環境をつくることが求められているのだと思うのです。

「ぎふメディアコスモス」は私にとって新たな次元に踏み出す契機になりました。

脱空間至上主義建築へ

「ぎふメディアコスモス」はまた、同時期に進んでいた台湾の「台中国家歌劇院」[*3]とも対比できます。この台中のオペラハウスは洞窟のような濃密な空間をイメージしています。

台中国家歌劇院

別の言い方をすると、大小たくさんのチューブが内から外に向かって開いているような、腸や血管、目や耳などたくさんのチューブで外部と繋がっている人間の身体のような、そうすることで内と外が一体化した建築を目指していました。しかし、建築はまだ人間の口や鼻のように高度な開閉のコントロールができないので、どうしても内と外がはっきりしてしまいます。

これは先ほどの自然をメタファーとするという話に繋がるのですが、このオペラハウスをつくるまでの私は、概念のレベルでのみ、内外の相互貫入を考えていたのです。つまり概念を抽象的に図式化し、構造システムに置き換えていました。ですから構造的に見れば新しい空間を提案できたのですが、現実の建築ではやはり人工環境という範疇《はんちゅう》を超えることはできず、それをつくらざるを得なかったと言えます。

ところが、「ぎふメディアコスモス」に取りかかる一、二年前ぐらいから、私は設備環境、例えば光や風などの自然そのものをデザインに取り込みたいと考えるようになっていました。そうした目に見えない、でも人が気持ちいいと感じ、安らぎを得られる要素から空間を発想していく方向があるはずだと、事務所内でも議論を重ねていました。

今までの設計プロセスでは、ある空間のイメージを発想すると、その時点から構造のシミュレーションを始めて、「それならこういう構造体が考えられますよ」とか、「それはできませんよ」というような対話を構造設計家と行ってきました。一方、設備環境はというと、構造や空間が固まってから検討を始めます。つまり設備は後づけだったのです。けれども最近はテクノロジーが発達して、初期の段階から、構造と並行して光や空気の流れもシミュレーションできるようになりました。

実際に「ぎふメディアコスモス」では、設計のかなり初期段階から、シミュレーションによって、明るさはどのように分布するか、空気がどう流れるか、そこに人がいたらどう感じるかということが、まるでその空間のなかにいるような感覚でリアルに想像することができました。今では構造と設備を同時に進めていくことによって、より自然に近くて快適な空間ができると確信しています。

おもしろかったのは、空気や光についての考えが構造のアイデアを引き出してきたことです。つまり構造的な合理性と空気や光環境の合理性がうまくオーバーラップすることにより、この発想の転換ともいうべき設計プロセスを体感できたことが、とても新鮮でした。

ひとつの街のような建築

「ぎふメディアコスモス」のある岐阜市は人口約四一万人の地方都市です。このスケールに求められる図書館、市民活動の場をつくらなければなりません。東京や仙台といった大都市ではできない、市民一人ひとりが繋がって、集まって、話し合って、みんなが活動できるような場所。通学の途中に立ち寄ることができ、ホッと休息したり、気になる雑誌を

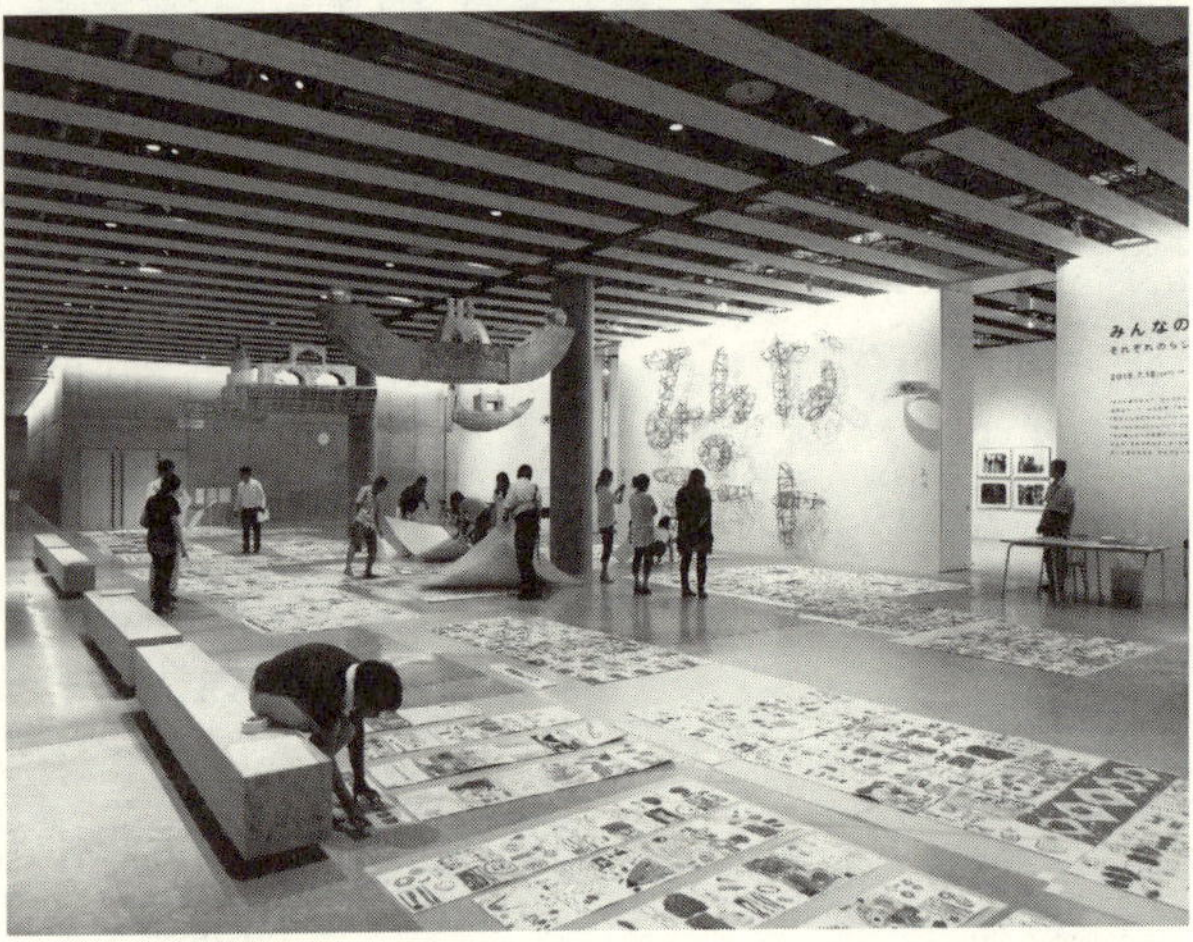

上）「みんなの森 ぎふメディアコスモス」“知の拠点”中央図書館 © 中村絵
下）「みんなの森 ぎふメディアコスモス」“文化の拠点”展示ギャラリー

見に来たり、知り合いと話したり、いろんな展覧会やイベントが開催されている、一人でも大勢でも自分の居場所がある、そんな場所をつくりたいと考えました。

「ぎふメディアコスモス」は、二階に「知の拠点」である岐阜市立中央図書館、一階に「絆《きずな》の拠点」となる市民活動交流センター、多文化交流プラザ、そして「文化の拠点」としての展示ギャラリーやホールから構成されている複合施設で、ひとつの街のような建築です。

一階は建物内を南北と東西に通り抜けることができ、いわば屋内化された広場です。中央にはガラスで囲まれた閉架書庫（「本の蔵」）があり、六〇万冊の本が保管されています。ここは環境的にもっとも安定しているので、書庫としては最適な場所です。

東側には「文化の拠点」としての施設、市民のための展示ギャラリー（「みんなのギャラリー」）と定員二三〇人ほどの多目的ホール（「みんなのホール」）、南側には広場と一体となる円形に凹んだ「ドキドキテラス」があり、さまざまな文化活動やイベントに対応できます。

西側は「絆の拠点」としての、市民活動や多文化交流のスペースです。市民のボランテイアやサークル活動、子どものワークショップのための壁で仕切られたスタジオで、自分で絵本を読んだり、ビデオを編集・上演したり、ダンスができたり、スタジオごとに個性をもたせています。他に、「ワイワイ畳」や「ワイワイテラス」など、とくに目的がなくてもプロムナードのような、自然を感じたりおしゃべりをしたりして、ゆっくり過ごせる場所もあります。

南側はエントランスと広場に面して約五〇席のカフェと小さなショップがあります。北側は職員の事務室や会議室になっています。そして、エントランス正面にあるエレベーターとエスカレーター、階段で二階の岐阜市立中央図書館に上がっていきます。図書館の正面には受付や案内所であるコンシェルジュカウンターがあり、初めて来館した人はここで蔵書や閲覧に関する情報を得ることができます。

二階の図書館は壁のない巨大な空間に三〇万冊の本が納められた書架と多様な閲覧椅子《いす》があります。この図書館の特色は、空間が大きな傘のようなグローブ[*4]によってゆるやかに区切られていることです。グローブの下に、ゆっくり本を読みたい人、しっかり勉強したい人など、目的に応じてさまざまな読書空間が用意されています。点字用グローブ、子ど

「みんなの森 ぎふメディアコスモス」図書館全景 © 中村絵

も用グローブ、親子向けグローブもあり、老若男女すべての人が思い思いの時間を過ごせます。

ここも自然を感じられるように三つのテラスがあります。ひとつはプロムナードに面した西側にある奥行き三メートルの「並木テラス」で、西日を避けるという機能ももたせつつ、気候のよいときにはプロムナードの緑を楽しみながら読書ができます。東側には「金華山テラス」、南側には「ひだまりテラス」があり、外気を感じながら昼寝も楽しめます。

書架が大小のグローブの周囲に渦巻き状に設置されていることも大きな特徴です。来館者は、社会科学、文学などのグローブを見つけて、周辺を巡れば目当ての本を見つけられます。書架が並列に並んでいると求心性が失われて、かえってわかりにくいと考えたからです。

この図書館の全蔵書は約九〇万冊、座席数は九一〇席あります。岐阜市の人口比に対してとても恵まれた施設だと思います。

大きな家と小さな家

図書館の設計は「大きな家と小さな家」というコンセプトから始まりました。このプロジェクトの直前に、ある企業の本社ビルを設計していて、それは実現しませんでしたが、そのアイデアを発展させてみようと考えたのです。

アメリカ西海岸には、気候に恵まれているという条件を活かして、古い倉庫をリノベーションし、その中にバスケットボールのコートやカフェを併設したり、木造家屋のような空間で仕事をしているというようなオフィスがあります。計画地であった瀬戸内地域も気候に恵まれているので、そうした気楽なオフィス空間ができないか、と思ったのです。

つまり工場のような大きな家（空間）の中にもうひとつ小さな家（空間）が入り込んで

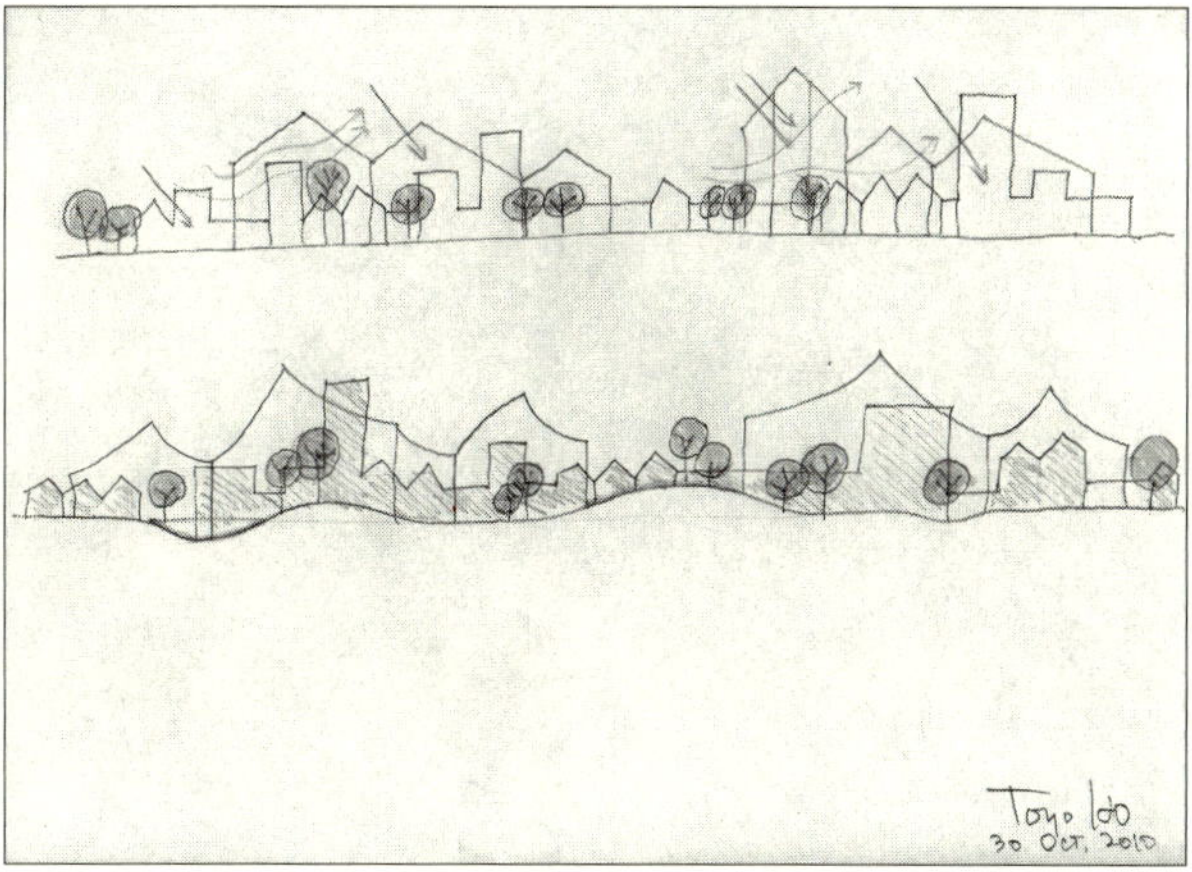

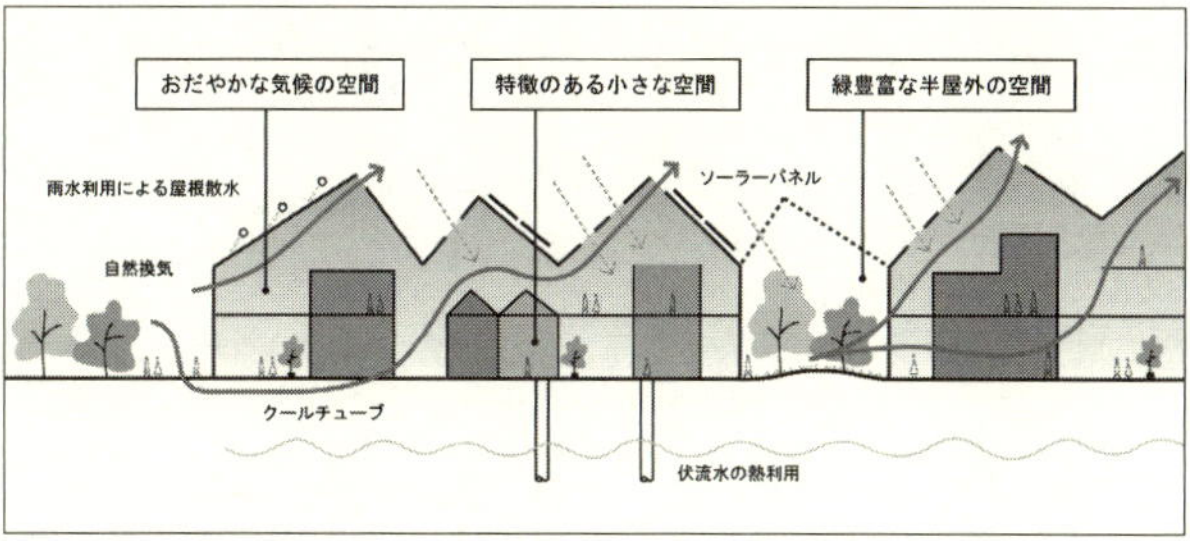

上）大きな家と小さな家コンセプト１
下）大きな家と小さな家コンセプト２

いるという入れ子状の建物で、大小ふたつの空間があることによって内／外のグラデーションが生まれて空気が流動し、外の空気が段階的に小さな家に到達する。そうなれば自然と気持ちのよい場所ができてエネルギー消費も減らせるだろうと考えたのです。

モダニズム建築は一枚の壁によって内と外をはっきり分けるという思想でできています。ドイツはその典型で、気候も厳しいということもあって、壁をしっかりつくって断熱性能を上げることによって省エネ化を図っています。日本も現在はモダニズム建築が主流なのでこの考えを踏襲していますが、第一章でも触れたとおり、近代以前の日本の木造建築はそうではなかったはずです。

もちろん江戸時代には戻れませんが、内と外をもう少し柔らかく仕切るほうが日本人にとっては心地よい断熱、楽しい省エネになるに違いありません。しかし、現実は真逆の方向に進んでいます。その理由は気密性や遮断性といった部屋の性能にこだわってしまうからで、室内の温度や明るさをどこも均質に保たなければならないという発想です。

そこから脱するためには、外と内を区切る際に、壁を一重にするのでなく、二重三重にしてその中間に微気候空間（そのエリアだけのミクロな気候）を設けることによって、空気や光を調整していくほうが有効です。「ぎふメディアコスモス」は不特定多数の人が集まる公共施設なので、もちろん室内環境を満たすことは不可欠でした。

そこで、室内に温度や明るさが微妙に異なる空間を用意して、来館者自身がその時々で気に入った居場所を自由に選んでもらうという発想に切り替えたのです。気候のよいときは、空調に頼ることなく自然の空気を活用する、本当に寒いときや暑いときは自然エネルギーを取り入れた空調システムで適温に調整された小さい空間に入ってもらうのです。

大きな空間と小さな空間は、仲間と一緒に勉強したり、一人でゆっくり本を読んだりなど、目的や気分によって多様な使い方にも対応できます。繰り返しになりますが、「ぎふメディアコスモス」は、訪れた人が自由に場所を選んで振る舞える、まるでひとつの街のように開かれた建築なのです。

小さな家を象徴するグローブ

さて、「大きな家と小さな家」というコンセプトをどのように形にしていくか、とくに

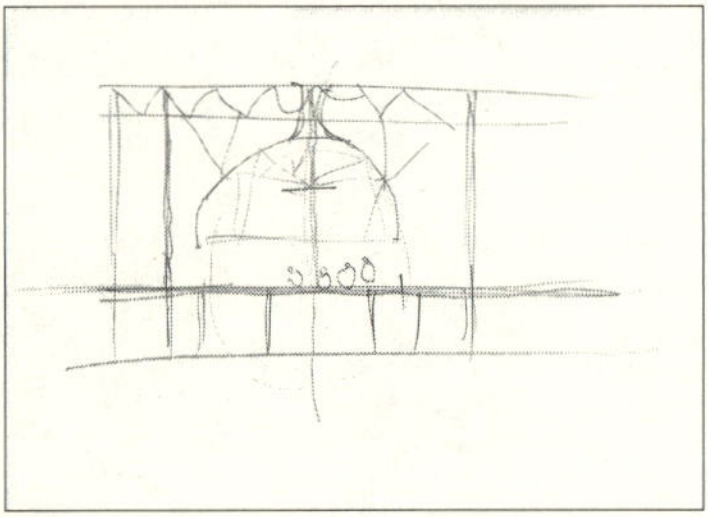

上）小さな家が林立するイメージ
左）グローブスケッチ

この建物の要になる「小さな家」をどのように表現するかは大きな課題でした。

初期の頃は、テントのような軽い屋根をもった大きな空間内に、その屋根を支えるように小さな家が林立するというイメージを描きました。さっそく模型をつくってみたのですが、どうも閉鎖的で、実際に実現したときにはその中に入りたいと思わないだろうと感じました。その後も小さな家を壁ではなく布のような素材でつくってみたらどうなるだろうかなど、スタディを繰り返しましたが、なかなか納得できません。

あるとき発想を転換して、布製の傘のようなドームを天井から吊ってみたらどうだろうと思いついてスケッチしてみました。すると閉鎖的にならずに大きな空間にゆるやかに境界ができるような印象になり、これなら行けそうだと手ごたえを感じたのです。さっそく模型をつくって、検証を始めました。

最終的には、「大きな家と小さな家」というコンセプトは、大きな空間内に一一個のグローブをつくることで実現させました。グローブは直径一四メートルから八メートルまで、大小四種類のサイズがあります。その下が閲覧スペースで、書架はそれを取り囲むように放射状に設置されています。

各グローブにはそれぞれ機能をもたせています。例えばエントランス近くにあるグローブは貸出と返却カウンターとして、その奥のグローブは展示やイベントスペースに、金華山を望むエリアのグローブには人工の籐《とう》のソファーを置いて憩いの場に、他にも一人で本を読みたい人、グループで勉強したい人、親子の読書向けなど、多彩なグローブがあります。

グローブの下に入ると、光が拡散して明るく、ゆったりした空気の流れも感じられ、天井のヒノキ材の香りも清々《すがすが》しい、気持ちのよい場所になりました。

「みんなの森 ぎふメディアコスモス」親子のグローブ © 中村絵

また、グローブごとに床材やカーペット、椅子やデスク、ベンチやソファーなどの家具や照明の明るさも変え、それぞれ個性的な空間になっています。親子のためのグローブは靴を脱いでもらうことにしました。床の真ん中がやや凹んでいるので、親子で寝転がったり座り込んだりと、自由な姿勢がとれます。

消費エネルギーを半分に

「ぎふメディアコスモス」は、空間から空気の流動へ、構造設計と設備環境設計の同時進行など、今までの私の設計思想の変化が現れていますが、もうひとつ、一次消費エネルギーを半減させるという目標にチャレンジしています。それは、地方都市だからこそ可能な自然エネルギーを最大限に活かしきる建築、すなわち建物の工法や構造、設備など、自然の条件にそって徹底したサステイナビリティ（持続可能性）を追求した建築ということができます。構造・設備設計はオーヴ・アラップ・アンド・パートナーズ・ジャパンの金田充弘さんと荻原廣高さんに初期段階から参加してもらいました。

使用エネルギーの大きな割合を占めるのは空調システムですが、空気を効率的に循環させることが重要です。そこで、長良川の豊富な一定温度の伏流水を汲《く》みあげて、ヒートポンプによって温度を調整して床に通し、床輻射《ふくしゃ》冷暖房によって、冬は暖かく、夏は涼しい空気を建物全体に循環させることにしました。空気の流れの効率をアップさせるために壁を極力なくし、さらに天井をフラットではなく海原のようにうねるような形状にしています。

先に触れたグローブの頂部には空気の換気口の機能もあり、夏は熱い空気が自然に上昇して外に放出され、冬は換気口を閉めて暖かい空気を室内に循環させることができます。このような工夫を組み合わせることによって、消費エネルギーを最小化する高効率設備システムを実現することができました。

省エネをどう実現させたかひとつずつ見てみましょう。開館から半年の実績値を元に、年間での一次エネルギー削減量を試算しました。

空調システムではグローブが風の流れをつくり、光環境を整えること、それに加えて床輻射冷暖房、うねる天井による空気の効率的循環によって一七パーセント、照明システムではグローブによる自然採光やLED照明の採用によって一八・二パーセント、発電システムでは太陽光発電パネルを一七〇〇平方メートルほど設置して六・六パーセント、熱遮断性能では高性能ファサードや通気屋根によって二・一パーセント、他に最先端機器の導入によって一三・一パーセント削減。こうした地道な積み重ねによって、基準施設（一九九〇年標準同仕様施設）と比べてトータルで五七パーセントの削減を達成できる見込みとなりました。

地元の材料でつくる木造屋根

この建物の特徴は、ＲＣ（鉄筋コンクリート）の構造に覆いかぶさるように載っている九

大屋根の形状と作業中の大工さんたち

○×八○メートルの大屋根です。屋根の形状は波がうねっているようですが、これは空気の循環をもっともスムーズにするために、オーヴ・アラップの金田充弘さんと一緒にシミュレーションによって導き出しました。木造でこのような形を構成するには集成材を用いるのが一般的ですが、施工性と経済性から地元岐阜県産のヒノキを使っています。グローブが吊られる部分に開口をつくって、取り込まれた自然光を拡散させています。

実際は、幅一二センチ、厚さ二センチ、長さが最長一二メートルの平板を三方向に互い違いに重ね合わせ、曲げ応力が最大となる柱付近では二一枚もの板を重ね、厚さ四二センチとなりました。これらは接着剤とビスによって接合されています。

この工法だと一枚の板材は薄いので型にそって自由に曲げることが可能で、今回のように複雑な曲面屋根をつくるには施工も比較的容易となり、経済性も高いのです。格子屋根は自重の垂直荷重を柱に伝え、地震力や風圧力は外周に配置した鋼板耐震壁に伝えられます。屋根の外側は断熱材や防水シートで仕上げました。

工事は真夏が佳境で、全国から集まってくれた大勢の大工さんたちが作業をしている様子は壮観でした。来館してくださった方には、日本の大工さんたちがつくりあげた天井の造形をじっくり見ていただきたいと思います。「ぎふメディアコスモス」の西側から東側を望むと、屋根のうねりと金華山の山なみが重なり合うように見える風景は格別で、岐阜市の新しい景観にもなったようです。

共働から生まれた建築

「ぎふメディアコスモス」の設計にはたくさんの人に関わっていただきました。プロムナードはランドスケープアーキテクトの石川幹子さん、構造・環境計画には前述のオーヴ・

アラップの金田充弘さん、荻原廣高さん、テキスタイルデザインは安東陽子さん、インテリアと家具デザインは藤江和子さん、サインなどはアートディレクターの原研哉さん、照明計画はライティング・プランナーズ・アソシエイツの面出薫《めんで》さんです。

私の主な仕事は、建築の方向性を決め、後はそれをできるだけうまく実体化するために、どういう人に協力してもらったらよいかを決めて、目標を共有するところまでと言ってもいいくらいです。その後は細かなところまで指示することはしません。それぞれの人が個性を発揮してくれればいいし、私が押さえつけてしまうと逆に決まりきったものしか出てこない。予想もしなかったアイデアが出てくると楽しいし、こちらも刺激を受けます。

私の事務所も同じで、「そのアイデアいいじゃないか」「それで模型つくってみようか」みたいな会話は、私とスタッフ間でも日常茶飯事です。それで、できた模型を見て、「それなら、もうちょっとこうしたほうがいいよ」とみんなで意見を出し合って、だんだんとチームのものになっていく。スタッフも外部の人たちにも「この建築は自分がつくったんだ」と思えるように参加してもらうことがいちばんうまくいくし、私も嬉《うれ》しいのです。

「ぎふメディアコスモス」の場合、やはりグローブの存在が大きいと言えるでしょう。これは前述の藤江さんと安東さんに参加いただきました。お二人とはすでにいくつかのプロジェクトを一緒にしていたので、安心してお任せしました。

空間と人を結ぶという意味でも、インテリアや家具はとても大切です。建築において、柔らかさや温かさといった身体感覚は、実際に手に触れたり、腰かけたりするものに影響を受けるからです。また家具は人が集まることをシンボライズし、集まり方に影響を与えます。例えばソファーだったら三々五々ゆったり人が集まるし、真ん中にテーブルがあればそこを介して求心的に集まってくるなど、人びとから多様な行為を引き出します。すべてがきっちりと統一されているよりは、いろいろな素材や形の家具が配されているほうがおもしろいし、街のような風景ができるはずです。

多摩美術大学図書館[*5]（八王子キャンパス）の家具を担当していただいた藤江さんに、今回も早い段階からプロジェクトチームに参加して、デザインの構想に取りかかってもらいました。私がお願いしたのは、材料は木材にしたい、書架を大人の目線が通る高さに抑えて直線ではなくグローブを中心に曲線状に配置したい、できるだけ地元の資源や材料を使っ

「みんなの森 ぎふメディアコスモス」グローブの制作風景 © 安東陽子デザイン

てほしいというようなことでした。

それを受けて藤江さんは、写真集や画集のあるグローブにはソファーでリラックスできるように、文学のグローブには集中して本が読める椅子を、中高生向けのグローブには学習や研究がしやすいデスクといったように、実に多彩な家具をすべてオリジナルでデザインしてくださいました。

藤江さんがおっしゃっていたことですが、家具デザインとは人間の行為をデザインすること、椅子ひとつでも座面の高さや深さ、背面の角度で座る側の行為や行動は違ってきます。今回は、空気が流れる空間という私の意図を汲んで、家具の素材はもちろん仕上げに至るまで徹底してこだわってくださいました。

また空間の要であったグローブのデザインは、安東さんを中心に構造の金田さんや事務所のスタッフとグローブ委員会なる組織をつくって、毎週のように検討会を開いて決めていきました。いろいろ議論を尽くした結果、ガラス繊維でできたファイバーのリングに合わせて、三方向に織り込んだ立体的な三軸織りのポリエステル織物でベースをつくって、その上にオリジナルの不織布を貼りつけるという方法になりました。不織布の柄は建物のサインに関わってくれた原さんと安東さんがデザインしてくれて、地元の学生さんたちがワークショップでポリエステルの三軸織物に不織布を一枚一枚熱で貼りつけていくという気が遠くなるような作業に携わってくれました。

安東さんには一階の市民活動交流センターの壁面やガラスにかけるテキスタイルもお願いしました。「編み物」のパターンを拡大してプリントしたオリジナルのテキスタイルはコンクリートやガラスの冷たい印象を和らげてくれています。安東さんは「テキスタイルは建築のもつ空間性と人間の身体性を繋ぐインターフェイスのような存在」とおっしゃっていますが、そのとおりだと思います。

建築というのは、このように目指していることを共有できるたくさんの人たち、みんなでつくりあげるものなのです。

市民もプロジェクトに参加

公共施設が本当に市民に受け入れられるか否かは、もちろん建築の要素も大きいのですが、それ以上にその施設がきちんと運営され、活かされていくことが大切です。

今回の「ぎふメディアコスモス」は一般的なコンペティションとは異なり、最終審査が公開で行われたことは画期的なことでした。実際、会場に入りきらないほどたくさんの市民が集まり、プレゼンテーションする私たちも身の引き締まる想いがしました。市民不在で決められる公共建築のプロポーザルが多いなか、使っていただく市民のみなさんに直接私たちの考えを説明できるのですから、これほどやりがいのあることはありません。市民のみなさんにとっても決定の過程に参加できることはすばらしい経験だろうし、何かやろうという意志が生まれ、みんなで一緒につくっていくという気持ちになれるのだろうと、改めて感じました。

私たちの案に決まって設計を進めるにあたっては、アーティストの日比野克彦さんの存在も大きかったと思います。日比野さんは岐阜市の出身で、地元の行政や若い人たちとすでにいろいろな活動をなさっていました。そうした経験から人を紹介してくれたり、アイデアをくださったりサポートしてくれました。とくに一階の市民活動交流センターでどんな活動をしたらいいか、市民を巻き込んで何度も議論の場を設けてくれたのです。みなさんの意見や要望は設計を進めるうえで大いに参考になりました。

設計が始まったばかりの頃には地元の小学校の社会科の授業にも取りあげてもらい、二時間のワークショップを二回行いました。私たちが「ぎふメディアコスモス」の説明をした後に、「ここが気に入った」「こういうところに気をつけてほしい」とか、絵を描いてくれたり意見交換をしたのですが、限られた時間にもかかわらずきちんと建物を理解してくれていて、感心しました。オープンのときにその子たちも来てくれたのですが、もう立派な高校生になっていて感慨深かったです。

建物に命を吹き込む運営体制

「ぎふメディアコスモス」がうまくいっている背景には、運営組織が一本化されているということもあります。ここは、先ほども述べたように、ギャラリーやオーディトリアム、市民活動交流センターなどと、岐阜市立中央図書館があるのですが、組織的には独自性を保ちつつ運営的には統合されています。公立の複合施設の場合、図書館、ホール、交流センターなどが機能ごとに別の組織で運営されていて、休みや開館時間がばらばらというところが少なくありません。ここは、細江市長が「人が育つ場所」にしたいという熱意をもって、オープンなかたちでプロジェクトが進められ、風通しのよさを感じていました。最終審査は公開でしたし、図書館長も全国からの公募で決められたのです。

オープンして五カ月ほど過ぎた頃、細江市長とお話しする機会がありました。プロジェクト進行中も何度もお会いしていたのですが、もともと商社マンだったということもあり、とても明快で決断の速い方です。市長もオープンして九カ月での来場者が一〇〇万人を超えたと喜んでおられました。岐阜市の人口が約四一万人ですから、確かに大変な数だと思います。

市長は、「資源小国の日本では、人こそが最大の資源である。だから政治は人が自分の能力を開花させる支援をしなければならない」を政治哲学とされています。実際、岐阜市は「教育立市」を目指していて、施策のひとつとして「みんなの森 ぎふメディアコスモス」が建設されたのです。

久しぶりにお会いして感銘を受けたことがありました。この建物は壁のないオープンスペースですが、「静かに」とか「走らない」とか、図書館にありがちな禁止事項がほとんど貼りつけられていません。市長によると、公共施設とは、人としてやっていいこと悪いこと、人への気配りといったマナーを学ぶ場という役割もあるのだから、禁止事項をつくって人の行動を規制してはいけない、ということでした。

確かに館内には大勢の親子がいて、子ども用グローブの下で時に子どもは走り回ったり声を出したりしているのですが、あらかじめそうした行動を想定して子どものグローブを一カ所に集めたり、書庫で取り囲んだりといったデザインが功を奏し、ほとんど気になりません。公共マナーは禁止事項をべたべたと壁に貼りつけるのではなく、環境全体で気づかせることのほうがよほど意義深いことです。図書館という場所が知識を得るばかりでなく、市民としての振る舞いを学ぶ場でもあるという市長の言葉には、ハッとしました。

公募で選ばれた図書館長の吉成信夫さんは岩手県でＮＰＯ法人を運営されていた方なので、ここでもイベントや子どもの「おはなしの会」など、いろいろな企画に意欲的に取り組んでくださっています。吉成さんはこの図書館を「室内公園」ととらえておられるようです。

私は、図書館に来る意味は単に知識を得るとか勉強するだけでなく、その場でしか体験できない何かを得ることであると考えていますが、吉成さんもそれに近い想いをもっておられるように感じています。ウェブサイトを拝見すると、閉館後にも「おとなの夜学」など楽しそうなイベントをたくさん仕かけられていて、新しい公共図書館のあり方を模索されているのだと思います。

私は今までに図書館、劇場、ミュージアム、市民センターなど、国内外でいくつも公共施設を設計してきましたが、正直に言うと建築家としてできることには限界があると感じています。しかし、「ぎふメディアコスモス」はこれからも岐阜市民のみなさんに愛されることで、公共施設として育っていってくれればと願わずにはいられません。

グローバル経済の下で、均質化、効率化を追わざるを得ない東京などの大都市では決してかなうことのない建築、地方都市だからこそ可能な建築、近代主義の先にある建築の先駆けになってほしいと考えています。

註

＊1　せんだいメディアテーク　二〇〇一年、宮城県仙台市に開館。図書館、美術館、イベントスペース、ミニシアター、ショップやカフェが入った複合施設。波に漂う海藻のような一三本の網状のチューブ（鉄骨独立シャフト）が、七枚の薄い床（鉄骨フラットスラブ）を支える構造のガラス張りの建物。

＊2　八代市立博物館　未来の森ミュージアム　一九九一年、熊本県八代市に開館。建物の威圧感を軽減するため盛土で人工的な丘を形成し、地中に博物館の機能を埋めて、地上部分にエントランスホールやカフェなどのオープンスペースを設けた。

＊3　台中国家歌劇院　二〇一六年に台湾台中市に竣工《しゅんこう》、オープン。大きさの異なる三つの劇場をはじめ、ショップやレストラン、屋上庭園などがある。床と壁と天井の境がなく、外部と自然に繋がっている洞窟のような三次元曲面の構造体の建築。

＊4　グローブ　照明の光の拡散及び換気のための布やガラス製の球状の傘のこと。ここでは、グローブの上部のトップライトから室内に自然光を取り入れると同時に、風の流れを生み出して自然換気することができる。夜は照明のシェードになる。

＊5　多摩美術大学図書館（八王子キャンパス）　二〇〇七年竣工。ガラスとコンクリートを用いた、連続するアーチ構造の外観が特徴。緩やかに傾斜する床に合わせて高さを変えられるスツールをはじめ、眺望のいい窓に面した閲覧カウンター、工業用フェルトを用いたラウンジソファーなどが配されている。

第四章　建築の始原に立ち返る建築

――愛媛「大三島《おおみしま》を日本でいちばん住みたい島にする」プロジェクト

島との出会い

この章では、大三島（愛媛県今治市《いまばり》）での取り組みのお話をしたいと思っています。大三島は、広島県尾道市と愛媛県今治市を結ぶ「しまなみ海道」にある島のひとつで、ここでのプロジェクトは、現在、私自身がもっとも力を入れ、建築の未来を託している場所、とも言えます。

大三島との出会いは二〇〇四年までさかのぼります。きっかけは、元経営者でアートのコレクターの所敦夫さん（二〇一五年逝去）から「ところミュージアム大三島」[*1]のアネックスの設計を依頼されたことでした。設計中に何度か所さんとお会いする過程で、かねてから考えていた建築私塾のお話をしたことがありました。

建築塾を考えるに至ったのは、これからの建築のあり方を学生や若い建築家たちと長いスパンで語り合い、実践できる機会をつくりたいという想いがあったからです。

すると所さんから、アネックスを私のミュージアムとして設計し、そこを拠点に私塾を運営してみたらどうですかというお話をいただきました。もともとこの建物は完成後に今治市に寄贈される予定だったのですが、市も計画に賛同してくださり、ミュージアムと建築塾の話がまとまっていきました。

ミュージアム建設の敷地は島の西側にある浦戸《うらど》地区の瀬戸内海を望む傾斜地のみかん畑の中にあり、「ところミュージアム大三島」に隣接しています。私はそこにスティールハットとシルバーハットというふたつの建物をつくって「今治市伊東豊雄建築ミュージアム」とすることにしました。

スティールハットは、一面が六角形の大小四つの建物を斜面にそって積み木のように組み合わせたもので、広さは二〇〇平方メートルほどのこぢんまりとしたミュージアムで、

「今治市伊東豊雄建築ミュージアム」© 高橋マナミ

主に展示スペースとなっています。一方のシルバーハットは、一九八四年に東京の中野に建てた自邸で、二〇一〇年に解体した建物を新たに再生したものです。スティールハットとは対照的に半戸外の空間が多い開放的な建物で、島の人たちの活動や会合、さまざまなワークショップを行う場として考えました。美術館からは美しい瀬戸内海やそこに浮かぶ島々を見下ろすことができ、とくに夕景の美しさは息をのむほどです。

もうひとつ、それとほぼ同じ時期に島の西南にある宗方地区に、岩田健さんという彫刻家の「今治市 岩田健 母と子のミュージアム」[*2]も設計しました。岩田さんは第二次世界大戦で特攻

「今治市 岩田健 母と子のミュージアム」© 阿野太一

隊員だったのですが、飛び立つ直前に終戦となり、戦後は長く慶應義塾幼稚舎の先生として勤めておられました。母子をテーマにした作品をたくさん創作していて、美術館建設のために資金と作品を寄付されたのです。そこで「彫刻の庭園」というコンセプトでミュージアムをつくり、私たちがデザインすることになりました。今では、美術館としてだけでなくコンサートなどのイベントも行われて、たくさんの人に喜んでいただいているようです。

二〇一一年夏の「今治市伊東豊雄建築ミュージアム」のオープンに合わせて、二〇一〇年一二月には活動の主体となる「これからの建築を考える」、通称「伊東建築塾[*3]」というNPO法人を東京の神谷町のビルのワンフロアで立ちあげました。いろいろな視点から未来の建築を探ろうと、三つの活動を行っています。一つめは広くこれからの社会のあり方やライフスタイルを問う会員向け公開講座、二つめは限られたメンバーで、年間を通じてこのテーマをより深く議論し合う塾生講座、三つめが小学校の子どもたちを対象とした、家や町について学ぶ子ども建築塾です。二〇一三年には、東京・恵比寿の住宅地にスタジオをつくり、拠点を移しました。

私はこの建築塾を足がかりに、現在では定期的に大三島を訪れて島の方々と交流を深めながら、島の魅力向上に繋がる活動を行っています。私に残された第二の建築人生を島づくりに賭けていきたい、そのプロセスを通してこれからの建築の可能性を探っていければと考えています。

建築の始原に立ち返る

どうして都市から地方なのか。東京から大三島なのか。その気持ちの変化はとても重要なので、本題に入る前に触れておきたいと思います。

第二章でも述べたとおり、私は、今の日本はふたつの閉塞感に覆われていて、その傾向は地方より大都市ほど顕著になっていると感じています。ひとつは経済が最優先される社会であること、もうひとつは管理が最優先される環境であることです。

資本主義という経済最優先の体制と近代主義の建築とはパラレルな関係にあります。そのために現代建築は、本来建築がもっていた多様な可能性を放棄して、技術によって世界のどこでも同じ建築ができるというメッセージを発信しているにすぎません。つまり、地域性とか場所性とか歴史認識は一切排除するというのが、二〇世紀の建築の大きな論理でした。

さらに資本主義がここまで進行して、グローバリズム経済によって国を越え、地域を越えて、物を介さない電子マネー主体の経済体制が主流になった今、建築もまたそれとパラレルに空間そのものを情報化しようとしているのではないか。いわば、人間の身体性や行為を希薄化させて、建築の表層だけを取り換えればそれでいいのだという思想が、高層建築になればなるほど顕在化しているということです。建築の表層だけが問題になると誰がやっても同じ建築になるし、その傾向は高層化が進む大都市ほど強くなります。

高層建築だけでなく、今、世界の第一線で活躍しているフランク・ゲーリー[*4]やザハがつくった建築も一種の表層主義と言えるのかもしれません。世界のどんな地域でもゲーリーに頼めば一目で彼とわかる建築ができますよというメッセージを発しているわけです。大切なのは建築の中身ではなく、ゲーリーというブランドです。

しかも、近年は金融経済の広がりによる貧富の格差の拡大が世界的な問題になっています。彼らの建築は格差競争の勝利者である富裕層を象徴する宣伝に利用されているのではないかとも思うのです。

こうした傾向の中で、私はどのように対抗していくべきか。どのような建築をつくっていくべきか。

少なくとも私自身は地球のどこに置いてもよい建築よりは、ある地域や自然、そこに根ざした文化や生活をテーマにしながら建築を考えていきたいと考えています。そうなると、私が目指す建築ができる機会は、経済合理性とグローバリズムが席巻する都市ではなく、地方に限られることが必然的な結果になってくるのです。

管理という点に関しても「安全安心」という印籠を掲げられると二の句が継げないのですが、単にそれだけを追求していくと技術至上が進んで、非人間的な、人間性を無視した社会へと加速するようになるでしょう。アメリカのように床の段差で人が転んだだけですぐ訴訟を起こされるような世の中になると、人が転ばない建築がいちばん優れた建築だという話にすり替えられてしまうのです。

誰もが責任を回避し、リスクを負わない社会になると、夢を描くこともできないし、格別なことではなく当たり前のことをやったほうがいいということになってしまいます。実際、世界の建築はますますそういう方向に進んでいるし、とくに日本では顕著です。

私は、このような理由から、東京のような大都市では夢を描く機会がなくなりつつあるという想いを深めています。

このような想いに至ったのには、東日本大震災の被災地の復興計画に携わった経験もありました。私は「せんだいメディアテーク」の繋がりもあって、震災直後から東北に足を運び、釜石市では復興計画の提案も行いました。すべてが流されてゼロになってしまった場所にもう一度新しい町をつくるとしたら、歴史性や場所性にしっかり配慮したうえで、震災前よりもさらに美しく住みやすい町を再構築したいと、最善の提案をしたつもりでした。けれども私たちの主張は近代主義の土木万能の価値観に阻まれて、残念ながら何ひとつ実現しませんでした。

　そんな復興事業において、私が唯一できたことが仮設住宅の人びとが集まることのできる共同リビング「みんなの家」だけだったのです。当時を思い返せばそれだけしかできず、敗北感にさいなまれました。しかし、現在は、震災七カ月後にできた宮城野区の「みんなの家」を手始めに、釜石市、陸前高田、気仙沼、相馬など一五カ所に広がり、「ＮＰＯ法人みんなの家ネットワーク」が組織されて連携するまでになっています。今後仮設住宅は順次取り壊されていきますが、仙台市は建物を移築して、新たなコミュニティスペースとして活用してくれるそうです。

「みんなの家」は建築プロジェクトとしてはいずれも小さなものですが、私には実に多くの発見と学びがありました。それは利用者と一緒になって考え、つくる。設計者、クライアント、施工者という区別がなく、使う人がつくり手であり、つくり手が使う人であるという、建築の根源的な意味を再確認することができたことです。同時にその地域で利用できる材料、素材、工法、技術、生活様式にそった柔軟な発想とつくり方の再発見もありました。こうしたアプローチこそが、建築家が成すべき大切な行為に思われたのです。

第一章でも述べたように、私は、これからは都市に向かって自らの個性や表現を競い合うような建築の時代ではないと考えます。とくに若い建築家にそう伝えたい。一つひとつのプロジェクトは小規模で地味であっても、みんなが小さな力を結集して、人びとが暮らす場所や地域をいかに楽しい環境にするかが問われているように感じています。大都市が魅力的であった時代はすでに終わりを告げ、地方にこそ新しい建築のかたちを探るヒントがあるに違いないと考えるようになったのです。

地方の潜在能力に注目

私がこれほどまでに地方に可能性を感じる理由は他にもいくつかあります。

第三章で詳述した「ぎふメディアコスモス」は、公共施設という大規模建築に、可能な限り自然エネルギーを取り込むことを目指した建物ですが、省エネルギーという課題の解決も人工的な環境である都市よりも自然が身近にある地方に可能性があります。エネルギーは今世紀のもっとも大きな課題のひとつですが、自然エネルギーを上手に取り入れる方法を開発して、自然と共存する新しいライフスタイルを生み出していかないかぎり、本当の意味での省エネは達成できないと考えています。

さらに、高精度で均質化した環境で、ただただおとなしく従順に生きることを強いられている都会の人たちが再び生気を取り戻すためには、やはり自然に立ち戻ったほうがいいのではないのかとも思います。

本章で取りあげる大三島の、とくに農業を営んでいる人たちは、初対面はすごくシャイで口下手なのですが、コミュニケーションをとればとるほど、東京の人よりはるかに個性的でしっかりした考えをもっていることに驚かされます。

経済的な豊かさから心の豊かさへという発想の転換を求めるならば、私たちはもう生き方の転換も図らざるを得ないと確信しています。

興味深いデータがあります。内閣府が二〇一四年に行った「東京在住者の今後の移住に関する意向調査」によると、その約四割の人が東京を脱出してどこかに移住したいと考え、その対象を関東圏以外の出身者に絞ると、五割近い人が移住を希望しています。しかも五〇代男性がもっとも多く、一〇代・二〇代の男女がそれに続きます。

ここからわかることは、一昔前までは若い人を惹《ひ》きつけてきた東京のような都市がかつてほど魅力的ではなくなってきている。むしろ若い人たちが東京を脱出したいと考えているということです。これが何を意味しているのか。若者にとって東京がつまらなくなっているのか、あるいは生活しづらくなっているのか、そういうことなのではないかと思います。

同じ調査でもうひとつ興味深いデータがありました。それは二拠点居住という新しい暮らし方です。都市以外の地方にもう一軒家をもちたいという考え方です。これは従来の別荘とはちょっと違った発想です。スローライフを楽しみたい人、子どもを自然の中で育てたい人、農業をしたい人に加えて、最近ではネットを使えば東京と同じように仕事がこなせる職業の人など多様化しています。でもその根底には、その地域に積極的に関わりながら自分なりのライフスタイルを送りたいという気持ちがある人が東京在住者の三分の一もいるということです。これからもそんな人たちがますます増えていくでしょう。

地方での暮らしには、地元住人とIターンやUターンで移住してきた人びととの新しい人間関係が不可欠です。文化や風景を継承していくためには、その土地の伝統を引き継ぎつつ、未来に向けた新しい視点も必要だからです。あるいは、都市と地方の二拠点居住の人たちが行き来することによって、地方で生活している若者や子育て世代が刺激を受けて、新しいことに挑戦してみようとか、一緒に何かをやってみようという気になるといったことも生じるのではないかと期待しています。

日本独自の文化や風景は農業がつくってきた――。私の建築の師匠である菊竹清訓《きくたけきよのり》*5さんは一貫してそう言い続けていました。彼はもともと福岡県久留米市の地主の息子さんだったのですが、第二次世界大戦後の農地改革によって土地を失ったという体験をもっていました。そのせいか農業によって継承されてきた日本の文化や風景が、近代化によってずたずたにされてしまったことに大きな怒りを抱いていたのです。菊竹さんの想いは、近代主義の魅力が失われつつある現在、地方がしっかり再生することによって報われるのではないでしょうか。

大三島の魅力

大三島は地理的には、広島県尾道市と愛媛県今治市を結ぶ「しまなみ海道」にある島のひとつです。周遊すると四二キロほどの大きさで、瀬戸内海のほぼ中央に位置しています。年間降水量は少なく、温暖な気候に恵まれています。島の大半は標高四三七メートルの鷲《わし》ケ頭《がとう》山を中心とした山間部です。

島内には一三の集落があって海沿いに散在しています。島の人口は約六〇〇〇人ほど、戦後間もない頃は約一万四〇〇〇人だったので、六割近くも減少しているのです。子どもの数が少なく、六五歳以上が人口の半分を占めていて高齢化が進んでいます。

瀬戸内には、産業廃棄物の処理施設や銅などの鉱物の精錬所が建設されて自然環境がダメージを受けた島も数多くありますが、大三島はこれまで大規模な工場建設や観光開発がされたことはありません。それは日本最古の「大山祇《おおやまづみ》神社」があったおかげで「神の島」として多くの人びとの信仰の対象になっていたからです。そのため、現在に至るまでほとんど手つかずのままの豊かな自然と美しい風景が残っているのです。

塩田、湿地、干潟、砂浜といった多様な地形、大山祇神社の御神山として護《まも》られてきた原生林、コンクリート護岸されていない田んぼなど、豊かな生態系を育む環境も温存されています。そのため、絶滅危惧種のササユリの群生地、愛媛県の絶滅危惧Ⅱ類に指定されているダルマガエルの生息地など、生物の多様性でも注目されています。

島の主産業は柑橘《かんきつ》栽培で、斜面には三〇種類以上もの柑橘類が植えられた畑が広がっています。島中がほとんど柑橘類畑なのは、ある時期に日本政府がコメの減反から柑橘類への転作政策を進めたためなのですが、貿易の自由化とともにオレンジやグレープフルーツといった柑橘類が安値で輸入されるようになって、以前ほど売れなくなっているそうです。そんな理由からか、柑橘類づくりをやめてしまう高齢の生産者も多いのです。一方でIターンやUターンで移住してきた人びとのなかにはまだ少数ではありますが、有機農法や無農薬農法に挑戦したり、新しい品種の栽培に取り組んでいる人たちもいます。

島の文化の要は、やはり大山祇神社です。この神社は全国にある山の神様の総元締めのような神社で、宝物館には源頼朝や義経、武蔵坊弁慶といった有名な武将の甲冑《かっちゅう》や刀剣類が納められており、国宝が八点、国の重要文化財が六八二点と日本屈指のコレクションを誇っています。

また、自動車が普及する以前は島の交通は船中心だったので、島内の一三の集落は地続きの隣村よりも対岸の島との交流が盛んでした。そのため集落の独立性が保たれ、神楽、獅子舞《ししまい》、だんじり、弓祈禱《きとう》など、集落ごとに個性豊かな祭り文化が育まれ、現在も継承されているのです。

二〇一四年には宗方地区で、二〇〇年以上続いていた伝馬船競漕《きょうそう》「櫂《かい》伝馬」という祭りが一五年ぶりに復活して、明るいニュースとして話題になりました。仕かけたのはIターンで宗方に住み始めた林豊さんという方で、彼の呼びかけに応えてもともとの住民が団結して臨んだことが大きいと聞いています。祭りの復活は思わぬ効果ももたらし、島を離れ、広島や大阪などに移り住んでいる人たちを再び故郷に惹きつけることになったようです。櫂伝馬の復活は、まさに人びとの繫がりの復活でもあったのです。

このように大三島は、大山祇神社の他にも大三島美術館、村上三島記念館、ところミュージアム大三島、伊東豊雄建築ミュージアムなどの施設に加えて、眺望のすばらしい公衆浴場なども複数あって、観光や文化の拠点としての可能性も十分にあると思われます。また、しまなみ海道が日本有数のサイクリングロードなので、年間数十万人というサイクリストが大三島を訪れるそうです。

日本でいちばん住みたい島に

実際に私も度々島に足を運び、地元の人びととコミュニケーションし、歴史や文化、自然を知るに至って、建築という手法を活かして大三島の魅力を掘り起こし、かつての賑わいを取り戻すお手伝いができるのではないかと考えるようになりました。

具体的には、島の資源を継承発展させていくことを第一に、一〇年をひとつの目標期間に定めて、「独自の方法」で島づくりに取り組みたいと考えています。独自の方法とは、行政や大資本に頼るのではなく、手づくりで小さなプロジェクトを積みあげ、その集積として経済優先ではない、精神的に美しい地域づくりを成し遂げることです。

一つひとつは小さくても、島のあらゆるところで同時多発的にプロジェクトが起こり、その「点」があるときに互いに繋がって「線」となり、共感する人たちがプロジェクトを盛り立ててくれることによって「面」に育ってくる。島の外部からではなく、内部から自発的に起こった活動や事業は島にしっかり根を張って大きく成長していくものと信じています。すでに、そうした動きがいくつも芽生えています。建築塾でもいくつかのプロジェクトを立ちあげており、なかには大三島に魅せられて島に移住してきた塾生も現れているほどです。

私はまず、「大三島を日本でいちばん住みたい島にする」という目標を掲げました。

なぜ「住みたい島」なのか、それには理由があります。町おこし、地方活性化の手っとり早い方法は、世界遺産登録や美術館の建設といった観光産業の育成です。もちろんそれも大切なことですが、観光客は気まぐれです。注目されている間は多くの観光客が訪れても、数年経つと飽きられて閑古鳥が鳴いているという場所はいくらでもあります。

先述のように、大三島も観光地としては、毎年多くの人が訪れる大山祇神社をはじめ、個性的なミュージアムが複数あり、何より美しい自然に恵まれ、世界的に知られるサイクリングコースが整備されているなど、魅力的な資源がたくさんあります。

大型の宿泊施設や人気レストラン、チェーン展開するカフェなどを誘致すれば、観光地として一時的に活気を取り戻すことはそんなに難しくはないでしょう。もちろん便利で快適な店舗は島の経済にも一定の影響を及ぼすかもしれません。けれどもこのようなアプローチは資本主義、あるいは都市的開発の延長でしかありません。結局、一人でも多くの観光客に来てもらうために他との競争を強いられ、都市生活者のニーズに応えるために大三島本来のよさを失うことになりかねません。

私は、「日本でいちばん行きたい島」よりも「住みたい島」にすることこそが、大三島の未来に繋がっていくものと信じています。島の方々と話していると、実は大三島の現状に対してそれほど大きな危機感をもたれていないことに驚きます。気候はよい、自然も豊かである、みかんを中心とした農業があって生活に困っているわけでもない、しまなみ海道ができて今治や福山、広島にも行きやすくなった……。そんななかで島の人たちに気がかりがあるとすれば、多くの地方が直面している人口減少、とくに青少年世代の減少です。大三島でも島内の高校が今治北高等学校大三島分校を残して廃校になり、多くの学生たちは毎日バスで今治市内まで通っています。

その一方で、Iターン、Uターンで、家族でこの島に移住してくる人たち、都会の生活を捨て、ここで新しい一歩を踏み出す若者たちが、少しずつではありますが増えてきています。つまり彼らは、移住先として日本中からこの大三島を「住みたい場所」として選んだということです。私は年間、五人でも、一〇人でも移住する人たちが増えていくことのほうが、何万人という観光客がやってくることよりも大切だと思うのです。

島根県立大学連携大学院教授の藤山浩さんは、著書『田園回帰① 田園回帰1%戦略 地元に人と仕事を取り戻す』（農山漁村文化協会刊）のなかで、地方では一年に人口の一パーセントの人びとが移住してくれれば、その地域は消滅することなく安定、持続できるということを述べておられます。

実際、大三島では二〇一一年以降五年間に九九人が移住していて、定着率も他の地域よりも高いそうです。こうした人たちが安心して暮らせる環境をハード、ソフトともにつくっていくことが重要なのです。

活動拠点としての伊東ミュージアム

現在、私は二〇一一年にオープンしたミュージアムを拠点に活動を行っています。ミュージアムは私の名前を冠していますが、私の作品を展示するのではなく、伊東建築塾の塾生を中心に、島民や大学の建築学科の教授や学生と一緒に取り組むプロジェクトの発表の場と位置づけています。毎年、個別テーマを掲げて調査研究を行って、それを基に考えた、島を元気にするための提案をパネルや映像、模型で展示するというものです。ミュージアムに来てくれた多くの人に大三島の魅力をわかってもらって、島づくりを応援していただきたいと考えています。

この活動も年を重ねるごとに新しいプロジェクトが増え、内容も充実してきました。二〇一六年の塾生限定講座では「島と都市をむすぶ」をテーマに掲げました。大山祇神社の参道に賑わいを取り戻す、島の資源や自然環境を活かした建築やランドスケープを考えるといった建築的な活動に加えて、島の食材を活かした食の提案や島でのワインづくり、農産物や特産品を都会に届けるための販路づくりやパッケージデザインの開発など、ビジネスやブランディング的な課題にも取り組んでいきます。プロジェクトは単なる調査研究ではなく、より実践的に、「大三島を日本でいちばん住みたい島にする」に近づくために、自分たちも楽しみながら行動してみようということです。

そのため、プロジェクトの運営方法やゴールはあえて決めていません。効率的に進めるという近代主義的な発想ではなく、ミュージアムと建築塾というプラットフォームを共有しながら、志ある個人が立ちあげた自立的なプロジェクトが緩やかに繋がっていく、そんなイメージで進めています。

二〇一五年には文化庁の「地域と共働した美術館・歴史博物館創造活動支援事業」で助成を受けて、より広い視点から大三島の魅力を探る活動も行いました。まずは島の資源を知ろうということで、大三島の魅力、食、国際化、瀬戸内ネットワークの四つのテーマで島内外の人びとによるワークショップを開催しました。そこではいろいろな発見がありましたが、とくに記憶に残っているのは、地元の参加者が何十年も前の大山祇神社参道の写真や周辺の地図を持参して、島民しか知り得ない貴重なお話をたくさんしてくださったことです。

そのなかで、戦後の近代化は東京のような大都市だけでなく、大三島のような地方にも及んでいたことがわかりました。浜辺が宅地化され、畑が駐車場になり、新しい道路が通ったせいで人の流れが変わり、海に囲まれているのに海上交通が廃れ、人口が激減して高齢化が進んだプロセスが痛いほど伝わってきました。

文化庁のプロジェクトでは、こうした活動を冊子にまとめて配布し、大三島を「島で暮す　島と繋る　島を知る」と広報する「omishima.net」というウェブサイトも立ちあげました。ウェブサイトは島内の人たちにとっては活動や情報を共有できるプラットフォームであり、島外の人たちにとっては大三島への入り口になるポータルサイトとしての役割があります。今後は外国人に対しても大三島をアピールできるよう、みんなで内容の充実を図っていく予定です。

大三島版・みんなの家

こうして、大三島を知れば知るほど、島の人たちと関われば関わるほど、私自身が実際にこの島に住みたい、暮らしたいという想いが強くなってきました。島で暮らすこと、大三島発の新しいライフスタイルの提案というような、通常の建築の仕事の範疇を超えるようなことも考えるようになったのです。

先にも触れましたが、大三島に来てとても残念なのは、豊かな食材や美しい風景がたくさんあるのにもかかわらず、それを料理してすてきな環境で出してくれるレストランや宿泊施設がほとんどないことです。サイクリストや大山祇神社の参拝にやってくるたくさんの人たちが島を素通りして他に行ってしまう原因のひとつでもあります。実にもったいない話です。大きな投資が必要となるような大型施設ではなく、島の人たちが運営できるような、小規模だけれど地元に根づいた快適なインフラ設備は「住みたい島」の実現のためにはやはり必要です。

そこで、まず私たちが注目したのは大山祇神社の参道エリアです。しまなみ海道ができる以前、多くの人は船で港に乗りつけ、この参道を通って神社にお参りしていて大変賑わっていたそうです。当時は食堂や土産店といった参拝者向けの店だけでなく、銭湯や本屋といった地元の人のための店も軒を連ねた島いちばんの繁華街でした。

ところが、しまなみ海道が開通したことによって、ほとんどの人が車やバスでやってきて神社横の駐車場にとめて、参拝だけするとそのまま他へ移動してしまう。地元の人もスーパーマーケットで買い物をすませてしまう。参道はすっかり廃れて商店も閉店し、誰も住まなくなった崩壊寸前の建物もあって昔の面影はありません。

この参道をもう一度元気にできないだろうか、というのが目下のテーマです。一見すると現在は何もない閑散とした街並みに見えますが、趣のある古民家やユニークな造りの空き店舗もいくつかあります。そのなかで私たちは参道のほぼ中央にある魅力的な空き家に目をつけました。昔は法務局として使われていたという二階建ての木造家屋です。ここをリノベーションして、島と私たちを繋ぐ「みんなの家」にしようと考えたのです。

かなり荒廃していましたが建築塾で借り受けて、塾生が一年以上かけて、前庭の草取り

上）「大三島みんなの家」
下）「大三島みんなの家」昼間カフェとして使われている

や掃除から始めて、朽ち落ちた壁材を拾い集めて新たな土壁をつくり、木製建具をリサイクルし、床は補強し、新しいキッチンを取りつけるなどして立派に使えるまでになりました。

二〇一五年秋の仮オープンに際しては、家具デザイナーの藤森泰司《たいじ》さんを迎えてワークショップを開いて、愛媛県立今治北高大三島分校の生徒さんたちと塾生とでテーブルと椅子を手づくりしました。現在参道に面した一階部分はみんなが集まることのできるカフェやギャラリーに、二階はオフィスとして使っています。参道にカフェがオープンすることによって、他店への刺激にもなってくれるのではないかと期待しています。

私たちのように、島とはもともと関係のない人間がゼロから何かを始めようとするときには、まず島の方々に受け入れられることが重要です。信頼を得なければならないのです。その一歩は、誤解を恐れず言ってしまうのならば、「この人たちもいいやつなんだ」と認めてもらうことだと思うのです。そのためには図面や企画書を見せるだけでは不十分で、汗水たらして一生懸命に作業をしているところを示さなければなりません。「みんなの家」は、塾生の有志が手弁当で、夏は冷房もなく冬は暖房もないところで、汗をかき寒さと闘いながら少しずつ工事を進めていきました。その様子を島の人たちはしっかり見てくれていたと思います。

大三島の建物と風景を保存する

大三島には民家だけでなく、価値ある建物が残っています。
現在、「大三島　ふるさと憩の家」として使われている旧宗方小学校の校舎は、その懐かしい佇《たたず》まいから映画のロケに使われたほどです。現在は一階部分の旧教室や校長室が畳に敷き替えられて、会合ができる大広間や宿泊用の個室にリノベーションされています。島内には大人数を収容できる宿泊施設がないので、建築塾でも大勢が集まるイベントのときに使っています。校舎の前にはきれいな砂浜があって、夏には家族づれの海水浴客にも人気です。

ところが建物は老朽化による耐震への不安だけでなく、雨漏りしたり、後ろが山のため湿気が床から上がってきたり、シロアリが出てきたりと問題も多く、建物の所有者である今治市としては取り壊してしまいたいとも考えていたようなのです。私は、この島の人たちが通った想い出が詰まった建物を壊してはいけない、問題があるならば耐震補強するな

「ふるさと憩の家」© 高橋マナミ

どの方法をとって、島の記憶として残さなければならないと、建築家として再生案を提案させてほしいとお願いして、当面存続することになりそうです。

古くなったから壊して、新しい建物を建てるというのは典型的な近代主義の発想です。確かに更地にして新たな建物をつくったほうが簡単でしょう。しかし現在は以前に比べて保存に対する関心もかなり拡がっています。何より一度取り壊してしまったら二度と同じものは建てられません。取り返しがつかないのです。

島内には大三島を離れた方々の家の多くが空き家のまま放置されています。移住者のなかには、そうした民家を借り受けて住みやすく改装して暮らしたいという人も多いのですが、希望者と空き家のマッチングは難しく、なかなか貸し出しにまで行きつかないようです。理由は、先祖代々の仏壇がある、墓参りで帰省したときに泊まるところがなくなる、家主が亡くなって親族では判断できない……など。その事情もわからないでもありませんが、放置すれば空き家の荒廃は進むばかりです。

こうした民家の一つひとつが、瀬戸内独自の美しい漁村や里山の風景をつくっていることを忘れてはいけません。老朽化を理由に空き地にしたり、どこにでもあるような工業住宅に建て替わってしまうと、長い歳月をかけてつくりあげられた大三島独特の風景は、あっという間に失われてしまいます。

風景は人の心に大きく作用するものです。とくに東京のようなスクラップアンドビルドが繰り返されて、街並みや風景が目まぐるしく変わる環境で暮らしていると、いつも何かに追い立てられるような感じで心の安寧を得ることができません。大三島の風景がいかに価値あるものかは、地元の人よりも私たちのような都会からやってきた人間のほうが理解しやすいのかもしれません。私たちが取り組もうとしている民家再生は、単に空き家活用ということだけでなく、島の美しい風景を継承させていくという役割も担っているのです。

瀬戸内初のみんなのワイナリー

大三島でワイナリーをつくろうという夢も描いています。

昨年、大阪から大三島にIターンしてきて農業を営んでいる林豊さん、山梨大学でワイン醸造を学んで移住してきた川田祐輔さん、地元出身で土地の世話をしてくれる森本百合子さん、そして私と妻が中心となって、「大三島みんなのワイナリー」という会社を立ちあげました。現在は苗木のオーナーを募りつつ地道に資金を調達しながら、ようやく一歩を踏み出したところです。昨年ブドウ畑は地元の人から、瀬戸地区と宗方地区の中ほど、南斜面に面した一反の土地を借りて、白ワイン向けのシャルドネとヴィオニエ種などの苗を植えました。一年目としては想像以上に苗木が育ったので、今年は畑を拡張し、約四〇〇本の苗木を新たに植えました。ワインができるまで早くて三、四年かかりますが、畑もさらに拡張していく計画です。

日本のワインというと山梨や北海道という印象がありますが、瀬戸内は地中海に似た気候で、ブドウの栽培に適した傾斜地も多く、みかんの栽培放棄地をブドウ畑に転換することもできるでしょう。数年後、ワインが島の主要産業に育ってくれれば、島民だけでなく

Iターン、Uターンの若い人たちの雇用にも繋がります。もちろんワイン目当ての観光客も増えてくれると嬉しいです。今のところ、二〇一八年を目処《めど》に年ごとに出荷を増やしていきたいと目論《もくろ》んでいます。ワインが醸造できるまではブドウジュースや干しブドウなどの加工品もつくる予定です。

二〇一五年には、愛媛県産業振興財団の助成事業に選ばれて予算をいただくことになりました。お金の使い道が定められているので、まずは参道にある「みんなの家」にカフェと合わせてワインバーをオープンして、瀬戸内初の大三島ワインの足場を固めていきたいと思っています。

島の南東にある瀬戸地区では、東京から夫婦で移住してきた山崎学さん、知子さん夫妻が無農薬有機農法で柑橘類を生産していますが、ジャムやクッキー、ドレッシングなどもつくって、自ら経営している「リモーネ」というショップで販売しています。なかでもリキュール製造免許も取得して手づくりしているリモンチェッロは、口あたりもよく本場イタリアのものにも負けていないと評判です。リモンチェッロは、レモンの生産で知られるイタリアのアマルフィ海岸あたりでよく飲まれているリキュールです。ショップではオリジナル製品に加えて、島の人たちの手づくりグッズなども扱っていて、地元の人だけでなく観光客が立ち寄る店になっています。レモンが大好きという動機で島にやってきた山崎さん夫妻、こんな人が島を元気にしてくれるのだろうと思います。

島民が切り拓く食文化

大三島ではIターン、Uターンで移住してきた人たちが元気に活動されています。農業だったら無農薬農法や自然農法に挑戦したり、新しい品種の栽培に取り組んだり、自分たちの農作物でジュースやジャムなどの加工品を生産して、ウェブサイトやイベントで売ったりしています。

東京からIターンしてきた花澤伸浩さんは、一切農薬を使わない自然農法を実践するために、畑づくりから始めたという本格派です。そうしてできた柑橘を材料にして、奥さまがクッキーやコンフィチュールをつくって直接販売しています。お子さんたちと畑に入ったり、ビニールハウスで野菜を収穫しながら、決して都会では味わえない自然の豊かさを満喫されているそうです。

越智資行《おちもとゆき》さんは関西からIターンで大三島に移住した人ですが、ご先祖は大三島に住んでいらしたそうです。現在は自然循環型農業を行いながら、オリジナルのソースやポン酢を製造販売し、後進の育成のための農業指導や地元の小学校で自然や農業の授業もしているという行動派です。自宅を改装して農家民宿も営んでいます。

このようにIターン、Uターンで大三島に移住してきて新しい農業に挑戦している人はとても多い。彼らが生産する安全で元気な食材を使って、大三島ならではのおいしい料理を開発していけば、もっともっとたくさんの人が来てくれるようになるでしょう。

一方、地元出身者にも活動的な人たちはたくさんいます。渡辺秀典さんもその一人です。大三島は年間約八〇〇頭の野生のイノシシが捕獲されるのですが、それを活用しようと「しまなみイノシシ活用隊」が結成されました。この島のイノシシは柑橘類を餌にしているため、ほのかにみかんの香りがするたいそうおいしい肉です。今までは地元で鍋料理やバーベキューにして食するくらいだったのですが、活用隊はイノシシ肉を島の産業に育てていこうとしています。

捕獲したイノシシはすぐに血抜きして、部位ごとに切り分けるなどの下処理を施して大阪や東京などのレストランに卸したり、ソーセージやハムに加工して販売されたりしています。最近では豚骨ならぬ猪骨《ちよこつ》で出汁をとったラーメンを開発している人も登場して、島の名物にと期待されています。食品だけでなく、革や骨を使ってバッグや眼鏡ケースをつくる人もいて、イノシシ一頭、すべて無駄にしないで使い切るサステイナブルな仕組みが構築されつつあるようです。

農家の人たちはそれぞれ顧客をもっていますが、私はみんなが一つにまとまって「大三島ブランド」として、都市部での販売をもっと増やせればと考えています。と言っても、農協や株式会社のように組織化しようということではなく、この島なりの新しい方法をつくり出していけばよいのです。その一歩として島の特産品のラベルやパッケージをリデザインしてアピールしたり、産直イベントを企画したり、やるべきことはたくさんあります。

販売促進という点では、地域おこし協力隊の一員として大三島に移住してきた松本佳奈さんが「ロコバス」という移動カフェを運営、島の食材を活かしたレシピを開発しています。月に一回ぐらいのペースで東京の自由が丘に上京し、大三島みかんの直販をしています。小さな試みですが、大三島と東京を繋ぐ貴重な活動です。

経営コンサルタントの冨山《とやま》和彦さんは著書『なぜローカル経済から日本は甦るのか　GとLの経済成長戦略』（PHP新書）で、日本経済全体で見ると、いわゆるグローバル企業の占める割合は三割ほどで、残り七割はサービス産業であり、その大半はローカル企業が占めていると語っています。

現在の日本政府はグローバル企業優先の経済政策をとっていますが、これが格差を広げる原因にもなっているのです。日本政府にはグローバル（G）とローカル（L）経済の特徴を明確にして的確な施策を期待したいところですが、待っているだけでは何も起こりません。私たちは政府や行政に頼ることなく、島の人たちと連携しながら大三島ならではの産業を育てていきたいと考えています。

こうしたことは建築とはほとんど関係のないことです。しかし、私はとても興味があって積極的に関わっていきたいのです。近年、建築家が世間から信用されなくなり、孤立している背景には、概念的なことばかりにこだわって社会の実態には目を向けてこなかった姿勢があるように感じています。建築は人が生きていくための環境をつくっているのだから、関係のないことは何ひとつないはずです。

自然に開いた住まいのモデル

大三島でのライフスタイルを考えるとき、エネルギーの問題はとても大きいと思います。実は私も伊東ミュージアム近くの岬の突端に土地を購入しました。ここには水も電気もきていません。しかし東京と大三島という二拠点居住のための小屋をつくろうと計画しています。せっかく大三島で暮らすなら、生活することの思想を根本的に変えなければおもしろくありません。手始めとして、東京のような人工的に管理された環境とはまったく逆の、自然に開きっ放しの住まい方を試してみたいと考えています。

瀬戸内は日本国内でも有数の温暖な気候に恵まれています。冬でも雪はめったに降らないし、夏は日中は暑くても朝夕は涼しくなる。このような気候だから冷暖房で室内を管理しなくても、窓を開けて風を通し、寒ければストーブや暖炉で補うことが可能なのです。

私自身がここで暮らしながら、自然とともにあるライフスタイルを実験してみたい、と考えるに至ったのには、前述した林豊さんとの出会いがありました。彼は大阪でＩＴ関連の仕事をしていたのですが、一五年前にＩターンで奥様と大三島に移住していらした。ワイナリーの共同出資者であり、農業、養蜂もやっていて、釣りの達人です。祭りの復活や移住者支援の活動もしていて島のために粉骨砕身なさっています。

その林さんは今治市を望む宗方地区の南斜面に家を建てて暮らしています。家は平屋で南側に大きな板張りのテラスがあって、風が通り抜けてとても気持ちがいい。奥様の話では、冬でも日差しのある時間帯はポカポカと暖かくて暖房がいらないし、夏も風通しがいいので冷房をつける必要がほとんどないとのこと。そんな暮らし方は、私たちのような都会の人間にとってはまさに憧れです。

私が購入した土地は三方を海で囲まれた急斜面の上で、小屋をつくれる場所は限られていますが、ここから眺める夕陽の美しさは言葉に尽くせないほどです。しかし、あえてそこに小屋をつくってみたいと考えたのは、そんな場所だからこその発見や驚きがたくさんあるだろうと期待しているからです。

イメージしているのは、南仏にあるル・コルビュジエのカップ・マルタン[*6]の小屋です。今年、この小さな木造の小屋も他の一六の作品とともに世界遺産に認定されました。コルビュジエもパリという場所があって、一方で片田舎の地中海に面した土地に簡素な木造の小屋をつくりました。晩年はそこで絵を描いたり海水浴をしたりして過ごしながら生命力を養って、都会の暮らしだけでは得られなかったであろう夢を描いていたのではないでしょうか。私も瀬戸内の美しい夕陽を見ていたら、東京では得られない何かを思い描くことができるのではないか、と期待しています。

ハーバード大学デザイン大学院のプロジェクト

さて、どのような小屋にしようか。そんな想いを巡らしていたタイミングで、アメリカのハーバード大学デザイン大学院の学生一二名を日本で指導することになりました。二〇一五年九月から約三カ月間です。

最近、ハーバード大学に限らず、世界中の大学から建築を学ぶ学生がワークショップや短期プログラムで日本に来ています。日本の建築は国内ではあまり話題にもなりませんが、世界からは注目されているという何とも皮肉な状況です。

私は学生たちに「大三島の魅力を発見して島の将来像を提案しよう」というテーマのもと、「Off Grid Life の家」「都心居住者のためのシェアハウス」「大山祇神社参道の再生」

という三つの課題を出しました。来日間もない学生に大三島に行ってもらい、島内全体のリサーチと敷地調査をし、島民とのワークショップを通して視野を広げてもらいました。

東京に戻ってからは、恵比寿の伊東建築塾のスタジオで、週二回、午後三時間というペースで設計指導を行いました。彼らは素直でエネルギーもあって、彼らは彼らなりに日本を理解し、私の意図を読み解き、大三島ならではのすばらしいプランをたくさん出してくれました。

その成果を帰国直前にプレゼンテーションしてもらったのですが、三カ月弱でよくここまでまとめたと感心しました。全員がプレゼンボードを作成し、慣れない環境にありながら美しい模型をつくってきました。なかにはすぐに具現化できそうな提案もありました。

とくに印象的だった提案をふたつご紹介しましょう。

ひとつは、スコット・マーチ・スミス君が考えたシェアハウス（134ページの上図）です。彼のコンセプトは「一人の時間と集う時間が選べる」という、まさに私が抱いていたイメージそのものでした。

それは「みんなの家」のようなキッチンとリビング、広めの風呂がある共用施設があって、その周りに一人あるいは夫婦用の最低限の生活設備を備えたカップ・マルタンのような小屋が点在するというものです。共用施設はみんな一緒に料理をつくって食事をしたり、音楽を聴く楽しみの空間。一方、小屋では一人でゆっくり過ごすことができる。建物は焼杉を壁材に使うことで周辺の林に溶け込み、個々の建物は小さいので自然への負担も小さくできる。シェアハウスで暮らす人びとの距離感や自然に対する配慮に好感がもてました。

現在この案を基にして、私が暮らす大三島版カップ・マルタン&シェアハウスをつくっていきたいと考えています。この二、三年のうちに、共用の家と、二軒ほどの小屋の完成を目指します。

そしてもうひとつは、ファビオラ・グスマン＝リヴェラ、リーアン・スエン、アナ・ファルヴェロ・トマスの三人組が提案してくれた「みんなの参道─大三島の活性化プロジェクト」です（次ページの下図）。このプロジェクトはかつての大山祇神社参拝ルートであった、宮浦港─参道─神社に至るエリアのかつての賑わいを取り戻すことを目指しています。

港の北側にある、今は使われていない柑橘選果場を島民と観光客のための複合施設に再生させ、さらに参道を活気づけるために地元の農家などが利用できる屋台をデザインするというものでした。複合施設の一階には子どもの遊び場、レストラン、地場ショップなど

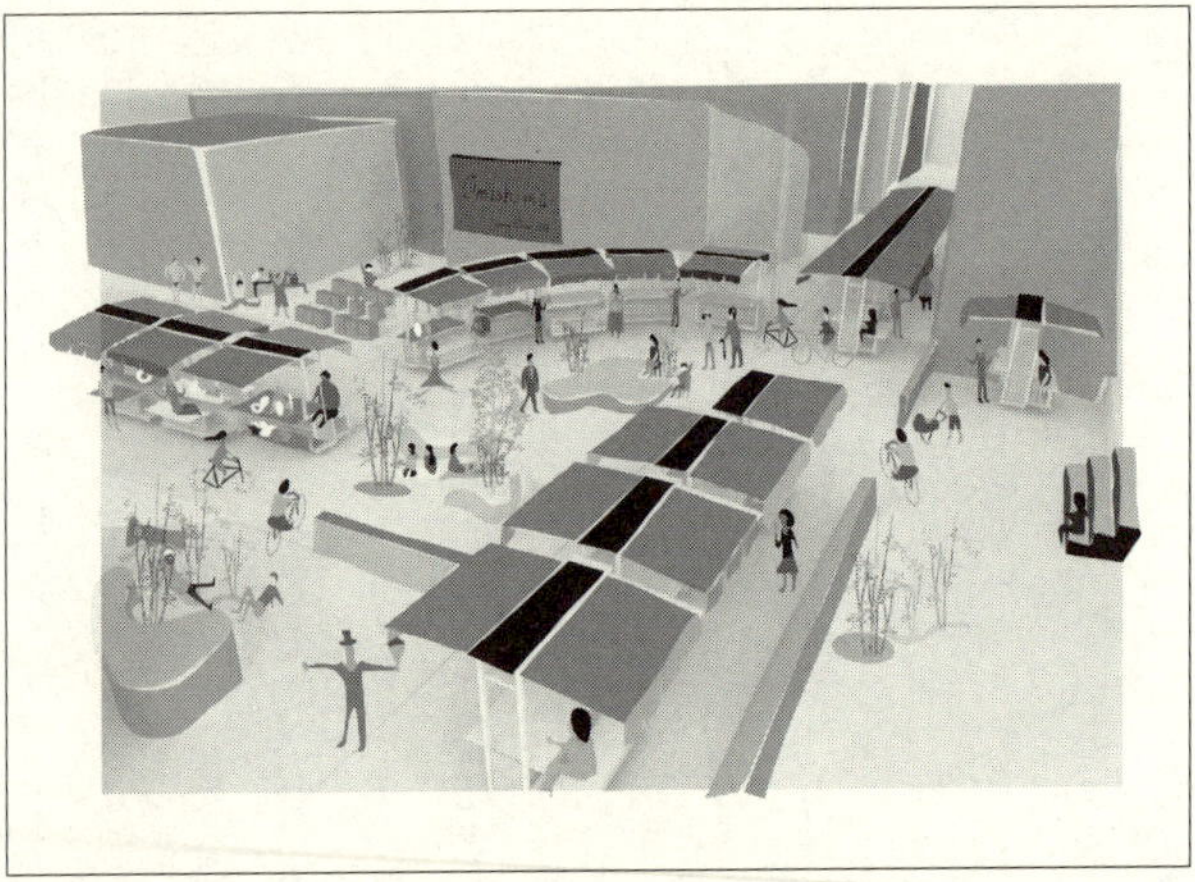

ここに紹介するプロジェクトはハーバード大学デザイン大学院 2015年秋スタジオ「大三島を日本でいちばん住みたい島にするために」で、学生たちが講師陣とともに制作したものです

上）Courtesy of the Harvard University Graduate School of Design, Scott March Smith.
下）Courtesy of the Harvard University Graduate School of Design, Fabiola Guzmán Rivera, LeeAnn Suen, Anna Falvello Tomás.

が入って、誰もが楽しめる場所にし、南面は港に続く広場とひとつになって賑わいの場が生まれ、二階はサイクリスト向けのホテルにするというアイデアです。屋台は組み立て式で、両サイドから使えてすぐにでも実現できそうです。さっそくいくつかつくって、イベントで農産物や加工品を産直したり、活用してみたいと考えています。

島内の移動手段を考える

観光客はもちろんですが、生活者にとっても島内移動をどうするかは大きな問題です。現在、公共交通を使って大三島に来るとなると、福山、広島、今治などから高速バスでしまなみ海道を通ってくるのが一般的です。しかし、バスターミナルから先、島内を巡る交通手段がなく、唯一、今治からのバスが大山祇神社のある宮浦地区まで来るだけです。タクシーも島内にはたった二台しかありません。

つまりレンタカーか、レンタサイクルを利用するしか方法がないのです。しかし、レンタサイクルは、起伏のある道なので体力に自信がなければ無理でしょう。仮にタクシーを使ったとしても、バスターミナルから伊東ミュージアムまで、料金が数千円もかかってしまいます。一日に数本でもいいので島内を巡回する路線バスがあれば理想的ですが、まずは自分たちで公共に頼らない移動手段を考えていかなければなりません。

島に移住してきた若者のなかには、移動手段に困っている高齢者のために移動サービス網をつくろうとしている人もいます。これは島民による島民のための無料タクシーのようなもので、ある程度の数の人が登録してネットワーク化されればそれなりの威力を発揮すると思います。

私は今、ヤマハ発動機のデザイン本部長である長屋明浩さんに相談して、大三島ならではのスモールモビリティの可能性を探っています。ヤマハ発動機はバイクで知られた企業ですが、他にも電動アシスト自転車、ゴルフカー、モーターボートなど大三島との親和性の高い製品を製造しています。また従来の車やバイクとはまったく発想の異なる乗り物の形を積極的に探っておられると聞きました。

大三島のお話をしたところ興味をもってくださって、高齢者も安心して乗りこなすことができ、雨風もしのげる電動アシスト自転車を基に「衣動」と命名された三輪車、加えてゴルフカーを基に「動く縁側」をコンセプトとした四輪車のモデルを製作していただきました。本年七月二日に試乗会とプレス発表会を行い、大きな反響を呼びました。「動く縁側」は電動四輪車なので自治体がエリアを特区として指定しないと走らせることができないのですが、大三島に限定すれば、実現性もあるのではないかと期待しています。

長屋さんによると、建築家との共働を強く意識して、今までのような「格好よい乗り物」とは違った発想から、これからのモビリティの可能性を探ってくださったようです。

ヤマハ発動機と共働のスモールモビリティ発表会の様子

これからの社会を考えれば、小規模なモビリティが多様化し、個人がライフスタイルに応じて乗り物を選んで自由に乗りこなす、さらに自動運転となる、そんな時代が来てほしいものです。そのためには、人の生活を支える建築とモビリティのデザインが互いに手を携えていくことはとても大切だと思います。

東南アジアに行くと、シクロのような足漕ぎタクシーなど、いろいろな公共交通があり、それらは町を魅力的にしている大きな要素でもあります。これからはその土地や気候に適した、そこにしかない交通機関が発達すべきですし、地元の魅力アップにも繋がるでしょう。

二拠点居住という生活スタイル

今まで、多くの建築家の地方との関わりは表層的なところで止まっていたと思います。私もそんな一人でした。しかし今世紀に入ってから近代建築のあり方に疑問を感じざるを得なくなり、それが三・一一によって決定的になりました。長年、東京に住んできて、都市の生活こそがベストだと考えてきたけれども、他の地域にも目を向ける必要があるのではないかと考え始めたのです。

しかしながら、東京での暮らしをすべて捨てて地方に移住できるかというと、それはなかなかハードルが高い。先ほど内閣府の調査を紹介しましたが、ル・コルビュジエもそうであったように、都市と地方に家をもってふたつの暮らしをするという選択肢があるのではないかと考えるようになったのです。

そして大三島に通うようになって、その想いは確信に変わってきました。いや、私の場合は、大三島にもうひとつ家をもつというよりも、みんなで暮らすシェアハウスのようなイメージが近いのかもしれません。打ち解けられる人たちと語り合い、新しいライフスタイルをみんなでつくっていく、そんな暮らしも楽しいのではないだろうか……。

そんなときに、元サッカーW杯日本代表監督で、現在は今治・夢スポーツ代表取締役で今治FCのオーナーである岡田武史[*7]さんとトークセッションをする機会がありました。岡田さんは今、神奈川県のご自宅に加えて、今治で大きな家を借りてシェアハウスのようにチームスタッフたちと暮らしているそうです。

岡田さんが今治に暮らすきっかけになったのは、サッカーの世界の強豪チームとの試合を通して、柔軟性のある少年期から岡田さんが理想とするサッカー教育を行いたいと考えるようになったこと。その拠点として、自然や風土、町の規模、人びとの気質が気に入った今治市を選んだのだそうです。

今治の家には大きなリビングがあって、スタッフや選手と一緒に料理をし、食事をし、サッカーについて語り合う、まるで合宿のように楽しく過ごしていると、嬉しそうに話してくれました。

「都市か地方か」から「都市も地方も」へ

地方における新しいライフスタイルの鍵となるのが「みんなでシェアして参加（行動）する。その目的はお金ではなく、コミュニケーションそのもの」ということだと思います。

近代主義の象徴である都市のライフスタイルは第一章で述べたように、経済合理性を追求した結果、人が個人として分断され、恐ろしいほど均質な環境で暮らすことで、生気のない、ニュートラルな存在になってしまった。これに対抗できるとしたら、経済合理性ではない新しい価値を体現することが大切です。そのためには地元の人と都市の人の新たな繋がりが不可欠です。

私自身は「都市か地方か」ではなく、「都市も地方も」というライフスタイルを実践していきたいと考えているからです。もっと柔軟に都市も地方も互いのよいところを活かしながら関係性を深めていきたいと思っています。実際、都市と地方にふたつの家を所有するというのは、金銭的にもなかなか大変です。しかし、最近はAirbnb（エアビーアンドビー）など、宿泊施設をネットなどで発見、予約できるような、空き家や空き室を活かせる可能性も生まれています。所有や管理といった縛りから解放されて、もっと自由に自分の生き方や暮らす場所、暮らし方が選択できる時代がすぐそこまで来ているように感じています。

建築とは、人びとを繋ぎ、新しい何かを生む場所や空間にかたちを与えていくことだと思います。

註

＊1　ところミュージアム大三島　篤志家の所敦夫の寄付により二〇〇四年に開館。瀬戸内海の多島美が望める、愛媛県今治市にある現代彫刻の美術館。国内外の作家による約三〇点を展示。

＊2　今治市岩田健母と子のミュージアム　「今治市大三島美術館」の分館。円形のコンクリート壁に覆われた半屋外スペースに、岩田健による母と子をテーマにした彫刻作品が展示されている。

＊3　伊東建築塾　街や建築のあり方について考える建築教育の場として、二〇一一年に開校。二〇一三年に東京・恵比寿に拠点となるスタジオが完成。切妻屋根のレンガを用いた壁で、室内環境に

は自然エネルギーを活用する。会員や塾生に向けた講義、子ども建築塾などを主宰。

＊4　フランク・ゲーリー　アメリカを拠点に活動する、カナダ出身の建築家。躍動感あふれる、有機的な曲面で構成された建築で知られる。代表作は、スペイン・ビルバオの「ビルバオ・グッゲンハイム美術館」やアメリカ・ロサンゼルスの「ウォルト・ディズニー・コンサートホール」など。

＊5　菊竹清訓　戦後日本を代表する建築家の一人。六〇年代には日本初の建築・都市デザイン運動「メタボリズム（新陳代謝）運動」を展開。日本の伝統を現代建築に取り入れ、周囲の環境に調和させた建築で知られる。代表作は、出雲大社の旧社務所「庁の舎」や「江戸東京博物館」など。二〇一一年死去。

＊6　ル・コルビュジエのカップ・マルタン　近代建築の巨匠、ル・コルビュジエが晩年、妻と自分のためにつくった休暇小屋。場所は、南仏の地中海沿岸のカップ・マルタン。独自に考案した寸法体系「モデュロール」で構成された、三・六六メートル四方（約八畳）の最小限住宅。ベッドやテーブル、つくりつけの本棚など、必要最低限の家具が配されている。

＊7　岡田武史　ＦＩＦＡワールドカップで二度にわたって監督として指揮を執り、日本のサッカー界を牽引《けんいん》してきた。一九九八年のフランス大会では日本代表選手を初めてワールドカップの出場に導く。二〇一六年に日本サッカー協会（ＪＦＡ）副会長に就任。

第五章　市民が考える市民のための建築
——長野「信濃毎日新聞社松本本社」

地域再生が期待される新本社ビル

本章では、地方企業の本社ビルの設計プロセスを通して、市民が考える市民のための建築の可能性についてお話しししたいと思います。

私たちが信濃毎日新聞社（以下、信毎）松本本社の設計に取りかかったのは二〇一四年秋頃でした。

このプロジェクトの斬新さは、施主である信毎と松本市民、そして設計側である私たちが、「信毎　新松本本社　まちなかプロジェクト」というワークショップを通して、この建物をどのように活用していくか、そのためにはどのような空間や場所が必要であるかをゼロから検討していったことです。新聞社はもちろん民間企業ではありますが、その職性上、ある種の公共性が求められるという点でも、「みんなの建築」と言えるでしょう。

『信毎』は、地元では『朝日新聞』や『読売新聞』といった全国紙よりもシェア率の高い新聞です。長野市と松本市に本社がふたつあるのですが、それは南北二二〇キロに及ぶ広大な長野県をカバーし、災害が多い日本で、もし万が一どちらかが機能できない状況になっても、新聞を発行し続けなければならないという使命感によるもののようです。新聞社の規模は県庁所在地にある長野本社のほうが大きいのですが、松本本社の建物が老朽化し市街地から離れた場所にあったことから、この度は町の中心部に新たな本社ビルをつくることになりました。

松本市は、国宝の松本城を中心とした城下町として発展してきました。戦災にも遭わなかったので、開智学校などの歴史的建造物がいくつも残っています。人口は約二四万人、県内で長野市と並ぶ主要都市として位置づけられています。

最近では、世界的指揮者の小澤征爾《せいじ》さんを中心として、一九八四年に結成されたサイト

まつもと市民芸術館 ©上田宏

ウ・キネン・オーケストラの公演地として世界的に知られています。二〇一五年からセイジ・オザワ松本フェスティバルと改名しましたが、今後も世界的な演奏活動を行っていくようです。

このオーケストラの拠点となっているのが、私たちが設計して二〇〇四年に開館した「まつもと市民芸術館[*1]」です。最大で一八〇〇人収容の主ホール、二八八席の小ホール、主ホールの後舞台にはロールバック式の三六〇席の仮設の実験劇場があって、リハーサル室やレストランなども完備しています。

計画当初は大規模すぎると言われて建設反対運動も起こりましたが、館長兼芸術監督として演出家の串田《くしだ》和美《かずよし》[*2]さんを迎えて、話題性の高い演目が上演されているので、今では海外や東京からも観劇者が訪れる劇場になりました。また、音響家が選ぶ優良ホール百選にも選ばれて、クラシックやオペラファンには人気のホールになっているようです。ちなみにセイジ・オザワ松本フェスティバルにおけるサイトウ・キネン・オーケストラの二〇一三年の録音は、二〇一六年の第五八回グラミー賞のクラシック部門賞を受賞し話題となりました。

信毎松本本社ビルの敷地は、まつもと市民芸術館から徒歩一〇分ほどの街の中心にあり、松本城から延びるメインストリートの本町通に面した最高の立地です。松本市は、新本社の敷地を中心に半径五〇〇メートルの中に、松本市役所、ＪＲ松本駅、松本城、まつもと市民芸術館、松本市美術館、中央公民館、パルコ周辺の繁華街などの主要施設やエリアがすっぽり収まっています。

実は、街の周辺に巨大なショッピングモールが計画中で、地元商店街の人たちは戦々恐々としています。しかし、この新本社ができることで街の中心部の再活性化を図れると期待されているのです。そういう意味からもこの新本社は、新聞社と市民の新しい関係づくり、地域再構築の仕かけづくりが求められている建築、ということができるかもしれません。

最終的に建物は地上五階建て、総延床面積が八〇〇〇平方メートルほどの広さ、新聞社の本社機能は上の二層で十分なので、下の三層分は半公共的な施設として、市民や観光客に開かれた場所として計画されています。

市民参加の建築プラン

通常、この規模のビルや公共施設の建設プロジェクトでは、建築家に設計が依頼される段階で、オフィスが何平方メートル、エントランスホール、会議室がいくつ、エレベーターが何基必要であるといった建物の基本プランが決められています。設計側としては、与えられた要件どおりにオフィスや会議室を、まるでパズルのように配置していくことが主な仕事となってしまいます。社会に対する提案や未来ビジョンを空間として構想していくという、建築家が本来発揮すべきもっとも重要な部分に関わることができないのが現実なのです。

本章の初めにも述べましたが、もともと新聞社という業態は、民間企業でありながらかなり公共的な役割を担っています。話を伺いながら感じたことは、施主が求めていることは「非公共的公共」という新しい建築領域なのではないかということでした。

敷地が松本市の中心部にあるため、カフェやレストランも含んだ商業的機能や、新聞社ならではのコミュニケーション機能をもたせたいとのことでした。そのためにコミュニティや商業施設に詳しい専門家に加わってもらい、市民とのワークショップを通して建物の中身を検討したいという要望がありました。そこで私たちは、コミュニティデザイナーの山崎亮[*3]さんを推薦し、さらに山崎さんから商業施設の専門家を紹介してもらって、かつて経験したことのないプロジェクトはスタートしたのです。

「ぎふメディアコスモス」でも感じましたが、こうしたワークショップで大切なことは、単に市民からこんな建物にしてほしい、こんなスペースがほしいといった要望を聞き取るだけではなく、市民自らが主体的に何をやりたいのか、松本をどのような街にしていきたいのかを徹底して考えてもらうことです。

私たちは市民から、スペースに対する具体的なイメージを丁寧に聞き取り、議論を繰り返していくことが求められます。こうしたプロセスを踏んでいくうちに、漠然としていたイメージが共有され、次第に収斂されていくのです。要は市民の参加意識、主体性や自覚を引き出すことがワークショップの最大の目的と言えるでしょう。建築側もワークショップという時間と場を市民と共有することで、彼らが求めているものを身体的に感知できるのです。

今回は山崎さんに参加してもらって、私たちもいろいろと学ぶことができました。例えば、ワークショップの運営で大切なことは、その場に集まってきた見ず知らずの人たちをどのように和ませるか、最初から活発に発言してもらうための工夫、建築の完成後も積極的に参加してもらう仕かけなど、今後に活かせるものをたくさん得ました。

一方で、四階、五階の信毎オフィスの設計は、そこで仕事をする記者や販売、広告などの各部門の社員、タウン誌のスタッフにインタビューを行いながら進めていきました。こちらは、求められる機能や新聞社側の希望もはっきりしていたので、それをきっちり建築に落とし込んでいくことに集中しました。

信毎　新松本本社　まちなかプロジェクト

こうして、二〇一五年春から、新聞社、市民、建築・専門家からなる、「信毎　新松本本社　まちなかプロジェクト」はスタートしました。

松本市は、松本城を中心とした景観保全や環境への意識も高く、とても文化的な街です。また、先ほど触れたサイトウ・キネン・オーケストラを長年サポートしてきたという実績もあり、歴史研究や演劇など市民レベルの活動が盛んな土地柄ですので、ワークショップもとても有意義に進行しました。

まず、プロジェクトのコアメンバーを固めました。信毎の報道、販売、広告など、各部の若手社員、タウン誌の編集者、地元の建築家、信州大学の大学院生らから一三名が選抜されたのです。

そして、四月から六月にかけては、「松本でやりたいこと」に対する聞き取り作業が行われ、約七〇人の一般市民から二五〇項目にも及ぶ意見が寄せられました。この生の声を、信毎新本社ビルでできそうなこと、その場所のイメージといった基準でふるいにかけていきました。

もっとも多くの意見が寄せられたのは「集える広場や観光拠点」に対するもので、例えば冬に待ち合わせができる屋内広場、夜遅くまでやっている観光案内所、ホスピタリティのあるコンシェルジュ、冬でも子どもが思い切り体を動かして遊べる場所、ふらっと来たくなる縁側のような場所など、誰もが自由に使える広場のような空間への要望が多くあがりました。

次に多かったのは、「地域をリードする新聞社」ということで、市民が気軽に情報を提供できるカウンター、まちなか瓦版のリアルタイム発行、災害時の情報発信拠点など、「信毎まちなか支局」の提案であり、新聞社と市民が共働して情報発信を行っていくという、松本市民の意識の高さを再認識できる内容でした。

非公共的公共の可能性

その後、三回のワークショップが行われ、最終段階では、「新本社でやりたい活動、未来新聞」というテーマで作業を続け、その結果「水路・歴史・まち歩き」「まちの情報発信」「伝統・お店の紹介」「川・緑」「空き家」「アート・音楽・映画」「子ども」「食・マルシェ」「学生交流」「掲示板」「コンシェルジュ」「縁側」という一二のテーマに絞り込まれました。この中には、松本夜市、水辺マルシェ、街中劇場化、松本ENGAWA計画、水辺の楽しめる街、水辺散歩、街中に木・草木を植える、路上定期演奏会、観光案内所、子

ワークショップの様子

育て相談など、すぐにデザインに結びつくようなキーワードもたくさんありました。
三回のワークショップに参加してくれたのは、地元企業の経営者や商店主、ＮＰＯや地域活動をしている人たち、芸術・文化関係者、大学・教育関係者や学生、新聞社社員、市役所や商工会議所の人びとなど約八〇名。年齢や性別も多様な人びとだったので、多面的でバランスのとれた内容にまとまりました。
これらのワークショップを通して、私は前述の「非公共的公共」を建築としてどう表現していくかが、設計の鍵になると確信しました。

例えば、公共施設並みの料金設定で、しかも民間施設のように規制がゆるく自由に活用できる中規模ホールがあって、そこで起きた出来事や議論を新聞紙上で発信していくような仕かけはどうか。あるいは記者が常駐していて、市民や観光客と直接対話や取材ができる「まちなか支局」のような仕組みがあれば、新鮮な情報が収集できるようになるかもしれない。

子どもの遊び場も重要です。冬が寒く長い松本では、その数カ月間は外で走り回って遊ぶことが難しい。そこで子どもが寝転んだり飛び跳ねる程度の遊びができて、その傍らで母親同士がその様子を見守りながらゆっくりお茶を楽しめる、公園のような場所があってもいいだろう。このように、市民ならではの地に足のついたアイデアを基にして、設計案をまとめていくことになりました。

ワークショップと同時期に、私たちは信毎の社員の方々にも「新本社でやりたいこと、要望」と題してヒヤリングを行いました。社員にとっては新しい職場になるわけですから、当然ですが、市民とは違った要望が出てくるだろうと予想していました。

意見としてあがってきたのは、まず居心地のよい職場にという要望で、それらは、風が心地よい、緑が眺められる、湧水や太陽光を活用した自然エネルギービルといったもので、人工的に管理された密室ではなく自然を感じられる空間を求める声が多くありました。これらの要望は「ぎふメディアコスモス」にも重なる内容であり、おそらく日本人の多くが自然に近い穏やかな環境を望んでいることも再認識できました。

一方で、市民からあがった「まちなか支局」に通じるような意見、例えば、記者自らが誰も知らない観光のコアスポットをガイドする、市民とざっくばらんな話ができる、情報提供に対応可能な常駐場所にといったものでした。また誰もが自由に使えるギャラリーやスタジオ、子連れママも入れるカフェなど、新聞社の社員と市民が実は同じような想いを抱いていたことがわかったのも収穫でした。

さて、どんなプロジェクトでも意見を出し合っているうちは夢が膨らむ一方なのですが、ある程度コンセプトが固まってきて具体的なプログラムに落とし込む段階になると、さまざまな不安がもたげてくるのはよくあることです。施主である新聞社もいよいよという段階になってくると、慎重にならざるを得ないところも出てきたようでした。まちなか支局をつくったのはいいけれど、本当に人が集まってくれるのだろうか、こちらの狙いどおりに機能するのだろうかなど、コンセプトが右往左往した部分もありました。こうした揺り返しはどんなプロジェクトにもつきものです。しかし、ワークショップという手法は手間ひまがかかりますが、誰もが主体的に参加することによって、ある程度納得できるという意味では、とても有効であると改めて思いました。

メディア・ガーデン

そうしていよいよ二〇一五年一一月には、私たちが「信毎 新松本本社 まちなかプロジェクト」の成果を建築的視点で再構成し、提案も込めて基本設計をプレゼンテーションすることになりました。

まず、私たちは設計するうえで、「オフィス」「カルチャー・コミュニティ」「建物について」「広場」「まちとの繋がり」「人」「商業」「交通」という八つの項目を立て、項目ごとに「課題」「魅力・資源」「あったらいいな・やりたいこと」という切り口でコンセプトを整理し、建築としてどのように具現化できるかを考えました。

ワークショップの参加者の意見をひとつでも取りこぼしたくないという気持ちと、一方

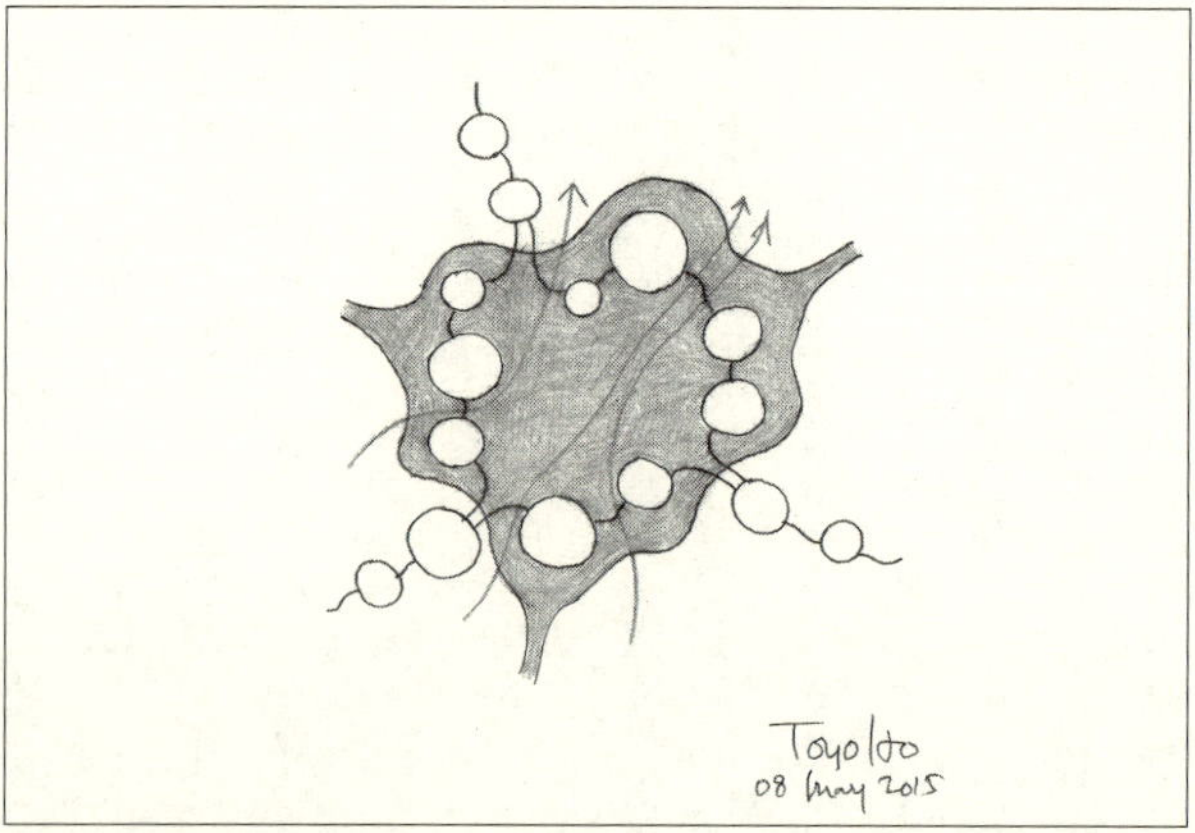

「メディア・ガーデン」コンセプト

で建築的に実現させることが困難な意見をどう克服していくか、まさに建築の醍醐味はこのプロセスにありますが、事務所のスタッフと練りあげていったのです。

そうして最初に掲げた「メディア・ガーデン」というコンセプトが具体化できました。それはまるで日本庭園のような、人びとがさまざまな活動の場を回遊し、交流する「情報の庭園」というものです。解説すれば次のようになります。

一、情報、商業、観光を統合し、新たなまちの中心となる「非公共的公共」の機能を果たす。

二、緑豊かでさわやかな風の吹き抜ける快適なオフィス環境を形成し、省エネルギー建築のモデルを示す。
三、個別に行われていた市民活動をミックスし、化学反応のように新しい活動を生むまちづくりの拠点となる。
四、文化都市松本の歴史をストック、更新し、次代に継承する地方紙の先駆的モデルを示す。
五、人びとが毎日訪れても楽しむことのできる屋内・外の広場やスタジオ・ギャラリー・カフェ・レストランなどの機能を複合した文化のサロンとなる。
松本市のほぼ中央に存在するこの「メディア・ガーデン」が、末永く松本市民の活動の場になってくれればという願いを込めています。

建築家からの贈り物

では、これらのコンセプトを建築としてどのようにまとめていくか。
前章で述べたとおり、最近、私は大三島に行くようになって、改めて瀬戸内周辺の一九五〇年代、六〇年代の公共建築の力強さに心惹かれています。丹下健三さんの香川県庁舎[*4]を頂点に、同じ丹下さんの倉敷市庁舎や広島ピースセンター、前川國男[*5]さんの岡山文化センター、大高正人《おおたかまさと》さんの坂出《さかいで》人工土地[*6]といった建築です。

それらと近頃の建築とが違うところは、戦後の貧しい時代に西欧からの近代主義思想による公共建築を実現しようという高い理想にあふれていた点です。五〇年、六〇年という歳月が経った現在もまったく古びることなく、それらは威風堂々と建ち続けています。まるで戦後の民主主義を体現しようという強い意志を象徴しているかのようでもあります。

当時の日本に十分な資金があったわけではないでしょうし、建築技術にしても今ほど進んではいなかったはずです。しかし、それを補ってあまりある未来への希望が感じられます。

当時の公共建築には必ず広場があって誰に対しても開かれていました。広場は今、ほとんどが駐車場になってしまいましたが、市民の場であることの誇りと主張を象徴しています。それらはまるで戦後の復興を遂げつつある町々への、建築家からの贈り物のようなものだったと思うのです。私はそういう建築を新たに屋内広場のような形でつくりたいと考えています。

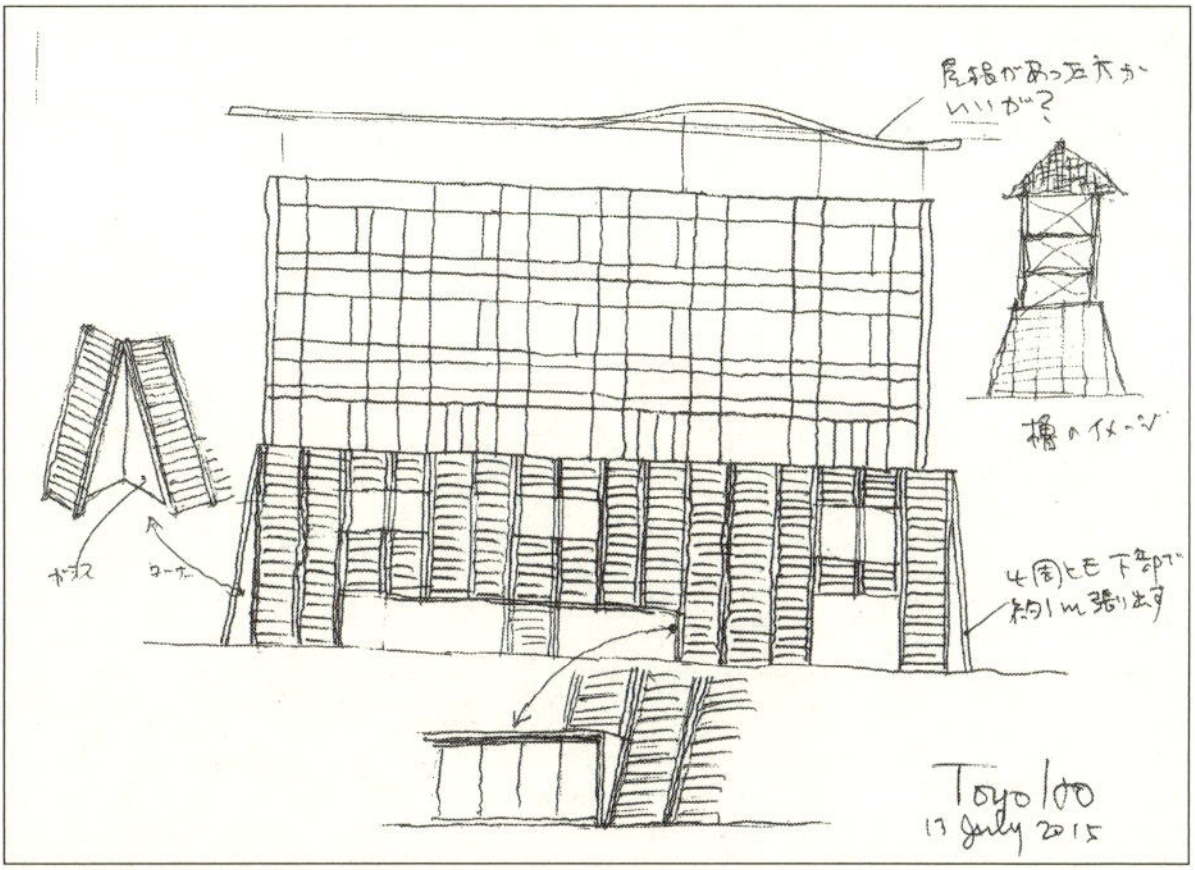

信濃毎日新聞社松本本社外観スケッチ

今回の信毎松本本社ビルではそのような建築を目指すことにしました。まず一階から三階までの市民に開かれた「非公共的公共」部分は、どうしたら地元の人びとが入りやすくなるかを考え抜きました。不思議なことですが、それは単に透明なガラス張りだと中に入りやすいというような単純なものではありません。

信毎は長野市にも総ガラス張りの美しい本社があります。しかし、前面に駐車場があって何となく建物の中に入りづらいし、ガラス張りのオフィスがいまひとつ親しみを感じさせない外観なのです。ですから私はモダンなカーテンウォール[*7]の建物とは違ったものにしたいという強い気持ちがありました。

いろいろと考えあぐねた結果、建物の一階と二階の正面外壁に特注のGRC（ガラス繊維補強セメント）でつくったルーバーを立てかけることにしました。昔、夏の暑さを避けるために建物の軒先には葦《あし》の枝で編んだよしずを立てかけていました。そのようなイメージです。GRCは形や色も自由にデザインできるし、プレキャスト工法*8にすれば同じパターンの繰り返しが容易です。このパネルは建物にしっかり装着するのではなく、ちょっと立てかけたような仮設的なものにしようと思いました。

そうすると建物のガラスの外壁とパネルの間に、建物の内でも外でもない隙間のような場所ができます。そこは半戸外的な中間領域として人も入ってきやすくなるだろうし、空間に奥行きを与えることもできると考えたのです。建物の内側から見れば、ガラスの壁の向こうに半戸外のテラスがあるような、そんな印象をもたせることになるでしょう。このパネルは建物の庇のように西日を遮蔽したり、風の流れを調整する効果も期待できます。空間に奥行きをもたせることによって、即物的でありながら重層的で強い印象をもった建築にしたいという気持ちがありました。

信濃毎日新聞社松本本社一階内観イメージ

風と光を感じられる空間

一階の本町通に面した西側は、小川や池の水景がある広場です。GRCパネルを通り抜けて半戸外のテラスのようなスペースから建物の中に入ってくると、右側が新本社の目玉企画である「まちなか支局」、左側ができたてのコーヒーと新聞をテイクアウトできるカフェキオスクのあるカフェゾーンとなりました。その奥が子どもの遊び場ゾーン、さらにその奥が多目的に使える「まちなかギャラリー」となります。このように一階は誰もが自由に「メディア・ガーデン」として使っていただける公共的なスペースになります。

二階に上がっていくと、西側の広場に面した場所には誰でも出入りできるテラスがあって、テイクアウトした軽食をとったり、ゆっくり新聞や本を読むことができます。

三階の西側は全面テラスになっていて、ソファーやベンチ、チェアなど、いろいろなコーナーがあります。そこで食事をしたり、ゆっくりお酒を飲みながら会話を楽しんだりできます。テラスに面したところは「食のスタジオ」として、特別なときにはバーベキューコーナーに早変わりするし、市民が食材をもち寄って食のワークショップも開催できます。ここは掃出し窓でテラスに繋がっていて、イベントや祭りのときには見物席にもなります。

四階と五階が信毎松本本社となります。社員から聞いていた、風や緑を感じながら仕事をしたい、自然エネルギーを活用して省エネ化を図りたいといった要望を取り入れてプランをたてました。ワークスペースは大きく二種類あります。ひとつは、季節に合わせて光や風を手動で調整できる縁側のようなスペースで、主にミーティングや会議室、休憩所となっています。もうひとつは、輻射冷暖房によって年中安定した環境になる執務スペースです。

縁側スペースとその内側にある執務スペースはガラスで仕切られているので、基本的にはどの場所からも外の景色を見ながら仕事ができます。一年中人工的に管理され、明るさも室温も同じというのではなく、常に自然を身近に感じられるオフィスになります。

自然エネルギーを活用する

この建物でも、「ぎふメディアコスモス」と同じように自然エネルギーを取り入れて、省エネ化を目指しました。いちばんの特徴は、建物のファサードで、先ほど説明した、建物の一階、二階部分のよしずのように立てかけるGRCパネルです。これによって強い日差しを遮って熱負荷を低減し、柔らかい日差しによって屋内は適度な明るさに保たれます。またパネルがつくり出す影は時間とともに移ろって、空間にダイナミックな変化と陰影をもたらしてくれます。

三階以高は奥行三五センチの木製ルーバーを、ファサードに縦横状に装着することで日差しを調整します。ル・コルビュジエがインドやブラジルのような日差しの強い地域の建築で使っていたブリーズ・ソレイユ[*9]のようなイメージです。またファサードに組み込まれた窓は手動で開閉できるので、自然の風を取り込んで室内の温度を調整できます。この上下二種類のファサードが建物の外観を特徴づけることにもなります。

信濃毎日新聞社松本本社外観パース

屋上には太陽光発電パネルを設置し、空調システムは、近くを流れる蛇川の水を利用した水熱源ヒートポンプ方式と床冷暖輻射を組み合わせることによって、省エネ化を徹底させています。松本と岐阜の自然環境はとても似ています。アルプスの豊かな水源が近くにある内陸性気候で、「ぎふメディアコスモス」での経験を大いに活かすことができました。

信毎松本本社ビルは、前の広場と建物が一体となって、豊かな植栽、小川などの水景を通して入ってくる風が建物を通り抜けます。建物自体がまるで生命体のように呼吸をしているというわけです。

市民がつくる市民の居場所

新社屋は二〇一八年四月竣工の予定です。一年近く市民や新聞社の社員とのワークショップを行って、みんなで何をなすべき建物なのかを議論し尽くしたうえで設計に臨みましたので、私たちが提案した空間をどのように活かしてくれるかとても楽しみです。

先にも触れましたが、近くに大型ショッピングモールの出店が計画されていて、中心市街地の空洞化が心配されています。新幹線に乗って車窓を眺めていると、松本に限らず日本中至るところに、大規模ショッピングモールができていることがわかります。こうした大型モールは車で来て、買い物はもちろん、食事や映画といったエンターテインメント施設もセットになっていてとても便利です。またバリアフリーや子どもに対する配慮もあって、商業施設としては文句のつけようもありません。でも私に言わせれば、これは、近代主義がもたらした現代都市の縮図であり、大きな問題をはらんでいます。

どこも同じような建物で、同じ店が入っていて、その土地の歴史や文化はほとんど関係なく存在しています。人びとはただただお金を払って物や娯楽を買う。そこでは人びとの繋がりも生まれず、受動的に消費のサイクルに巻き込まれているだけのような気がしています。もちろん地方に住んでいる人たちが、都市的なものを欲することも十分に理解できますが、そのために地元の文化やコミュニティが消滅してしまってもいいということにはなりません。

信毎松本本社ビルのプロジェクトを通して、私は松本の人びとが街に愛着を感じていて、現存する自然や風景、建物や商店、あるいはちょっとした街の隙間のような場所の大切さに気づいていて、それらを活かすためのたくさんの前向きなアイデアを出してくれたことに、本当に感動しました。そして、市民の方々とのワークショップを通していろいろな建築への想いをいただきました。例えば、人びとの温もりを感じる場所で、周りの人の存在を感じつつゆっくり時間を過ごしたり、家族や友だちと散歩をしたりすることに価値を見出していることです。さらには、みんなで少しだけ頑張れば実現できそうなこと、お金をかけなくてもみんながアイデアや素材をもち寄って活動しようという姿勢などです。

このプロジェクトを通して、また行政がつくる公共施設だけでなく、地元企業による「非公共的公共」という独立自尊の姿勢と市民の意識とが結びつくことこそが、地方を豊かにする原動力になるのだと確信しました。そして、与えられるものを享受するだけでなく、自分が参加する、自分が考える、自分が行動することが楽しいのだろうと思うのです。

私自身も「ぎふメディアコスモス」、大三島、そして信濃毎日新聞社松本本社という地方のプロジェクトを通して、新たな境地を見出しつつあるような気がしています。

註

＊1　まつもと市民芸術館　二〇〇四年、長野県松本市に開館した文化施設。地上七階、地下二階建てで、主ホールは四層のバルコニーを備えた馬蹄形をしている。三階の屋上庭園は、一般に開放されている。

＊2　串田和美　俳優、演出家、舞台美術家。小劇場運動が起こった六〇年代に、佐藤信《まこと》、斎藤憐《れん》、吉田日出子らとともに「自由劇場」を結成し、実験的な舞台を繰り広げる。現在は、歌舞伎公演の演出やテレビCMなど多方面に活躍。

＊3　山崎亮　コミュニティデザイナー。地域の課題を地域の人たち自身が発見し、解決していけるようにサポートするプロジェクトを全国で展開。まちづくりのワークショップ、住民参加型の総合計画づくりなどに関するプロジェクトが多い。

＊4　香川県庁舎　一九五八年、香川県高松市に竣工した旧本館（現・東館）。日本の伝統的な柱と

梁《はり》の構造を近代建築の鉄筋コンクリートで初めて実現した。一階部分が吹き通しになったピロティや屋上庭園など、ル・コルビュジエに影響を受けたとされる意匠が見られる。

＊5　前川國男　建築家。ル・コルビュジエ、アントニン・レーモンドに学び、第二次世界大戦後の日本のモダニズム建築を牽引した。代表作に「東京文化会館」「国立西洋美術館新館」など。一九八六年死去。

＊6　坂出人工土地　香川県坂出市の約四〇〇〇坪の人工都市。道路に面した一階部分には、商店街や市民ホール、駐車場を設け、その上に鉄筋コンクリートの人工地盤をつくり、六〇年代後半から二〇年間にわたって公営住宅が建設された。設計は、前川國男建築事務所を経て独立し、日本初の建築・都市デザイン運動「メタボリズム運動」に参加したことでも知られる建築家、大高正人。

＊7　カーテンウォール　建築構造上の荷重を支えず、取り外しが可能な壁。

＊8　プレキャスト工法　事前に工場で製造した部材を、現場で組み立てて設置する工法。

＊9　ブリーズ・ソレイユ　ル・コルビュジエの建築に多く見られる、建物の前面に取りつけられた奥行きの深いルーバーで、日射調整装置。

第六章　歴史文化に根ざした建築
——茨城「水戸市新たな市民会館（仮称）コンペティション」

水戸芸術館と向かい合う

前章の信濃毎日新聞社松本本社の基本設計がほぼ固まった頃、日本で久々に一般公募による大規模な建築コンペティションが行われました。私たちの事務所も応募を決めて、さっそく準備に入りました。

そして、二〇一六年春「水戸市新たな市民会館（仮称）」のコンペティションは行われ、私たちの事務所で設計を行うことが決まりました。これから五年後の二〇二一年の竣工を目指して、事業主や水戸市民の方々と具体的な調整作業に入っていくことになります。

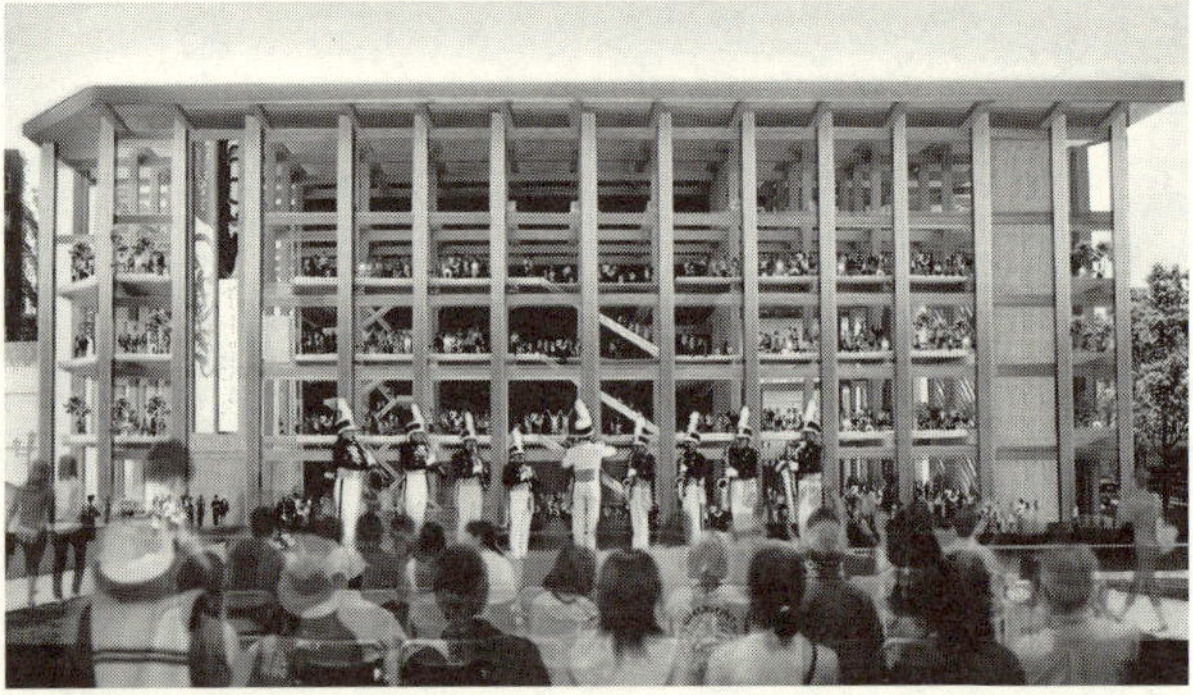

「水戸市新たな市民会館（仮称）」のイメージ

私がここで実現したいことは、水戸という街の歴史文化に根ざした建築です。本章では、時の経過を超えた存在感を保ち続けられる建築とは何か、このコンペティション案を例に考えたいと思います。

この市民会館の敷地は水戸市の中心、市街地を東西に走るメインストリートである国道五〇号と磯崎新《あらた》さん[*1]が設計した水戸芸術館[*2]に挟まれた場所です。以前は大型商業ビルがありました。そこに新たに二〇〇〇人を収容できる劇場を中心として、展示ホールや会議室などが複合した市民会館を建設することになったのです。つまり新たに建設される水戸市新たな市民会館は幅一〇メートルほどの道路を隔てて、磯崎さんの水戸芸術館と向かい合うかたちになります。

私としては、もちろん水戸芸術館を意識せずには設計することはできませんし、しっかりと向き合う覚悟でいます。

磯崎さんの芸術館は前面に大きな広場があって、それを取り囲むようにつくられた建物の正面には巨大なカスケード（噴水）や、市政一〇〇年を記念してコンスタンティン・ブランクーシの「無限柱」*3にヒントを得てデザインされた、高さ一〇〇メートルの塔があります。建築全体は西洋の歴史様式と幾何形体を参照しており、空間的な軸線が明快で形式性が強く、まさに八〇年代の磯崎さんの特徴が表れた建築ということができます。

芸術館は敷地の半分を芝生の広場が占めています。この広場は建物のいろいろな場所から自由に通行できて、水戸というどこにでもあるような街並みのなかにぽっかりと開かれた公園のように、人びとに開かれた場となっています。今も天気のよいときは市民がのんびりと芝生に腰を下ろしたり、子どもたちが元気に走り回っていて、とてもいい場所になっています。

私が思うに、磯崎さんはスクラップアンドビルドを繰り返し、常に変化する日本の街のなかに、あえて西洋的な形式性の強い建物と広場をつくることによって、芸術や建築がもつ「永遠性」を象徴しようと考えたのではないでしょうか。それは当時の風潮に対する批判であったに違いありません。

この建物が完成した一九九〇年はバブル経済の真っ只中で、まさに日本中が都市開発に浮かれていた時代でした。「水戸芸術館」における磯崎さんのコンセプトは理解できるし、そういう意味でとても完成度の高い建築であると思います。

芸術館が完成してから四半世紀が経った今、磯崎さんが西洋の規範を用いて表現しようとした建築や公共空間のあり方を、私は二一世紀の現在に相応しいアイデアで表現したいと考えました。

そのアイデアというのは、西洋文化から発した近代主義を乗り越える何か、つまりその国や町の歴史や文化に根ざした建築、地域性を回復するための場所づくりということができます。

こう言ってしまうと、建築における「地域主義＝リージョナリズム[*4]」ととらえられてしまうかもしれませんが、私が目指しているのは単なる材料や素材ではなく、ある地域において人びとの絆や行為を成立させている、目には見えない空間のルールのようなものです。

こうしたアプローチこそが、行きすぎた近代主義建築の向こう側にある可能性なのではないかと考えているのです。

第五章で一九五〇年代、六〇年代の丹下さんの香川県庁舎に代表される近代建築がもつ即物性、時が経っても風化しない威風堂々とした佇まいに惹かれている、その理由は戦後の民主主義を体現しようという強い意志を感じるから……という話をしました。

香川県庁舎に限って言えば、丹下さんはル・コルビュジエに深く影響を受けながらも、一方で日本建築の伝統である梁のもつ繊細な造形を当時のコンクリート技術の限界に挑戦することによって表現しました。この梁のデザインには、雨が多いという日本の気候に対する配慮があったと思いますが、丹下さんはそれを魅力的な意匠として昇華させたのです。私もそれに倣って、小手先ではない建築表現に挑戦したいとも考えています。

水戸の誇り、やぐら広場のある建物

さて、この水戸市新たな市民会館は、磯崎さんの芸術館が西洋の芸術の薫る建築とするならば、こちらはもっとカジュアルで誰もが気軽に立ち寄れる「みんなの家」のような建築で行こうというところから出発しました。

本書の中でも触れてきましたが、「みんなの家」は、私を含む数人の建築家が、東日本大震災の仮設住宅に暮らす方々が集える場として、地元の材料や技術を用いてつくった小さな建物です。一方、この市民会館は二〇〇〇人規模の劇場が入る建物ですから、公共建築としてのさまざまな要件を満たしていくことは当然です。

水戸市民にとって「みんなの家」のように愛着を感じる建築をつくっていくための手がかりを求めて、私たちは、水戸を象徴するような、あるいは水戸のみなさんの心の拠《よ》り所になっているものは何だろうかと調べることから始めました。

水戸と言えば徳川御三家のひとつ水戸徳川家が治めていた地域です。水戸城をはじめ日本三大名園に数えられる偕楽園《かいらくえん》、水戸藩の藩校であった国の特別史跡である弘道館があり、今は消失してしまった「三階物見」と呼ばれた三階櫓《やぐら》などの建造物がありました。とくに高齢の方々にとって、第二次世界大戦で焼失してしまった三階櫓への想いが深いことも知りました。

水戸の歴史文化を知るなかで、「やぐら広場」というコンセプトが閃《ひらめ》きました。物見や

「やぐら広場」のイメージ

盆踊りの真ん中に組まれるやぐらは、人びとの集いと賑わいの象徴でもあります。ここで祭りやフリーマーケットなどを行えば、水戸市の再活性化にも役立つに違いありません。

　建物は中央に劇場があり、北側のやぐら広場と連続しています。さらにこのやぐら広場を水戸芸術館と向かい合うように配置すると、芸術館屋外の芝生の広場と半屋内のやぐら広場とを一体化して使うことができます。ふたつの施設が協力してミニコンサートやパフォーマンスを上演したり、さまざまなワークショップを開催できれば、水戸の新たな芸術文化の創造と発信のエリアになるでしょう。

　一方、建物の南側は市民が日常的に活用できるショップや展示スタジオ、ラウンジになります。こちら側は水戸のメインストリートである国道に面しているので商業地区と繋がって、街全体に賑わいをもたらす起爆剤になればと考えています。建物の東、北、西側を取り巻くようにつくられるやぐら部分は常に開かれているので、人が自由に通行できます。建物の西側は並木をつくることによって、水戸芸術館と一体となって南北に連続する都市軸を形成することにもなります。

大柱がつくる祝祭空間

実は「やぐら広場」を考えた理由はもうひとつあります。それは、新国立競技場のコンペティションで、私たちがデザインした巨大な木の列柱が建ち並ぶ真っ白な競技場の「木柱」を取り入れていることです。

私は長野県の諏訪《すわ》で育ち、「諏訪の御柱《おんばしら》」に慣れ親しんでいました。やぐらにも通じますが、日本の祝祭空間はまず柱を立てることから始まりました。新国立ではスタジアムを巨大な木柱を並べることによって、競技場のもつ祝祭性を象徴しようと考えて検討を重ねました。

新国立競技場コンペティション応募案

今回はその成果を水戸市新たな市民会館で反映したいと考えたのです。実際には、集成材で柱をつくり、その周りに燃え代層[*5]や耐候層[*6]などを周囲に巡らすことで、万が一火事になっても柱の内部にまでは影響が及びません。さらに長い年月の間に表面が傷んだとしても、さらに外側の耐根層などの部分でしのぐことができます。

水戸市新たな市民会館の設計はこれから本格的に取りかかりますが、時の経過を超越したような堂々とした建築、人間の野性を呼び覚ますような根源的な建築を目指したいと思います。そして、水戸の人びとに愛され、誇りを感じてもらえるような建築となって、水戸という地方都市にとっての「みんなの家」のような存在になってくれたら嬉しいのです。

註

＊1　**磯崎新**　建築家。モダニズム建築で否定された歴史や装飾、地域性などの復権を目指し、八〇年代を中心に隆盛したポストモダン建築の旗手と目された。学生時代、丹下謙三に師事。代表作に「大分県立中央図書館」（現アートプラザ）、「つくばセンタービル」「ロサンゼルス現代美術館」「なら100年会館」など。

＊2　**水戸芸術館**　水戸市制一〇〇年を記念して、一九九〇年に茨城県水戸市に開館した美術館・コンサートホール・劇場を有する現代美術の複合施設。初代館長は吉田秀和。高さ一〇〇メートルの螺旋状のシンボルタワーは、五七枚の正三角形のチタン製パネルで構成されている。地上八六・四メートルに展望室がある。

＊3　**ブランクーシの「無限柱」**　二〇世紀を代表する、ルーマニア出身の彫刻家の代表作。鉄製のそろばん玉を積み重ねたような、高さ約三〇メートルの作品。第一次世界大戦戦没者のための記念碑。

＊4　**「地域主義＝リージョナリズム」**　近代主義建築の無場所性に対して、特定の地域に独自の特徴を生かした建築の思想。フィンランドのアルヴァ・アールトの建築はその代表例。

＊5　**燃え代層**　木構造の耐火性能を確保するため、木製柱の周囲に耐火時間に対応した厚みをあらかじめ付加する層。

＊6　**耐候層**　木製柱の最外層に、カビ、傷、褪色などに対応するため、削ったり、補修可能な厚みをあらかじめ付加する層。

第七章　みんなの建築

近代主義建築の行き着く先

　これからの建築には自然との関係を回復する、地域性を回復する、土地固有の歴史文化を回復する、そして新しいコミュニティを創造するなど、近代主義建築がないがしろにしてきたものに再び目を向けていくことが重要です。それを実現するためには、都市よりも地方にこそ可能性があるということを、ぎふメディアコスモス、大三島プロジェクト、信濃毎日新聞社松本本社、水戸市新たな市民会館という四つの建築プロジェクトを通してお話ししてきました。

　最終章では近代主義を超えた新しい建築を切り拓いていく建築家像とは何か、を考えていきたいと思います。

私の世代の建築家[*1]たちは一九七〇年前後に独立して活動を始めました。日本独自の建築を生み出そうという気運もその頃からスタートしました。

つまり、戦後の復興期、前川國男さんや丹下健三さんが戦後民主主義を体現した力強い建築をつくっていますが、それらにはどうしても西洋建築の受け売り的な部分がありました。

一九六〇年代になって、日本が右肩上がりの高度経済成長期を迎えると、丹下さんや黒川紀章《きしよう》さん[*2]を中心としたメタボリズム運動[*3]から、東京オリンピック、大阪万国博覧会に至るまで、優れた建築がたくさん生まれていますが、まだまだ西洋に発する近代主義建築の傘下にあったように思います。

ところが大阪万博という祭りが終わって経済成長もピークを過ぎてしまうと、建築は一斉に都市に背を向けて、例えば篠原一男さん[*4]のように小さな住宅にこそユートピアがあると、社会批判や芸術表現として建築をつくるようになりました。

先頭に立っていたのが篠原さんと磯崎さんで、私の世代は彼らに共感して、そこから建築を構想していったのです。その後も、都市に目を向けたり、背を向けたりしながらも、それ以前の現代建築や社会に対する批判精神だけは常にありました。そして前時代に対抗するかのように、空間の抽象性を表現したり、透明性を求めたり、過去の様式を引用する、というのが七〇年代から八〇年代だったのだと思います。

ところが、それから三〇年以上が経って、現在第一線で活躍している四〇代、五〇代の建築家世代になると、批判精神から建築を構築することがなくなりました。彼らの作品は建築というよりもひとつのオブジェとして、ますます抽象的に、透明に、繊細に、そして軽くなって、ひたすらイメージや技術的限界を追求しているように見えます。それ自体が建築する目的になっているように感じるのです。私はそうした建築の行き着く先は、いったいどうなってしまうのだろうかと考えてしまいます。

科学の世界でも同じようなことが言えます。例えば原子力は、限りない技術開発の果てに、広島と長崎に原子力爆弾投下という悲劇をもたらし、多くの犠牲者を出しました。科学者は研究過程で、倫理や成果を考えずにひたすら研究目的に邁進してしまいがちなのです。

これと同じような図式が建築の世界で起こっても何ら不思議ではありません。つまり限りなく抽象性や透明性を追求する建築の先に、果たして人びとの幸せがあるのだろうか、豊かな生活があるのだろうか、ということです。建築はアートではないのです。私はここで一度立ち止まり、もっと違った発想から建築を再構築しなくてはならないと考えています。

新しい建築言語の構築

私自身も、五、六年前まではどこかで抽象性の高い建築、空間至上主義的建築を追求していました。しかし、ある時期からそんな自分に対して居心地の悪さというか違和感をもつようになっていたのです。

とくに地方では、地元の方々とプロジェクトの設計の話をしていても、なかなか意志疎通ができなくて気まずい雰囲気になってしまう。それなのに食事をともにしてカラオケで歌っていると、それだけで共感し合える。これはいったいどういうことなのだろうかと心に引っかかっていました。

そして少しずつわかってきたことは、私たちが日常的に使っている建築言語では、建築の専門家ではない普通の人たちと同じ目線で対話ができないということでした。建築家という職業は何事にも批判的な視点が大切で、社会の矛盾を建築として解きおこしていかなければなりません。しかし、私たちは評論家やコメンテーターのように意見を述べるだけでは不十分なのです。回答を視覚化し、空間ないし環境として具現化できて初めて建築家の仕事と言えるわけです。

しかし問題なのは、その回答が二〇世紀的な近代主義建築という言葉でしか表現できないことです。だからこそ、例えば、演歌に譬えられるような言葉、その土地の気候風土にそった建築言語、生活文化に即した空間言語などなど、多様な言語を再構築しなければならない。その第一歩が近代主義建築という言語を一度捨ててみるということなのです。

例えば、日本は高温多湿で雨の多い風土です。無理やりハイスペックのサッシを使ったり、空調機に頼らなくても、建物のディテールを工夫し、自然エネルギーを上手に活用することによって、日本らしい合理的で快適な建築の姿が見えてくるはずです。

あるいは、ある人たちが、「縁側がいいよね」と言ったら、とにかく縁側について一度考えてみる。「やはり庇は必要だよね」と言われれば、一旦は受けとめてみる。そういう人びとの言葉、その背後に潜んでいる願望に想いを巡らし、そこから組みあげるとどういう建築ができていくのかを改めて考えてみると、好奇心も湧いてくると思います。

言語という点では、私たちがつくる建築は日本語という言語と密接に関係していることを自覚し、今一度深く考えてみる必要があるとも思っています。

第四章でハーバード大学デザイン大学院生の話をしました。彼らを指導していて改めて感じたのは、アメリカで暮らす彼らと日本で暮らす私との間には、単なる語学力の問題を超えた、容易には埋めにくい言語感覚のズレがどうしてもあるということです。

私たちは日本語で生きています。その言語感覚で育まれる日本人の空間に対する感性や感覚というものがあります。例えば、「たゆたう」とか「はかない」という言葉から導き出される感覚です。日本語でしか表現できない感性というものがあります。逆に英語でないとうまく言い当てられない概念もあります。それぞれの言語がもつ世界観があることを今一度理解することも重要です。

日本人の身体には、いくら日本が近代化、西欧化されたとしても、変わることのない私たちが引き継いできた空間への意識や感覚が刻み込まれています。西洋とは違った、境界の曖昧な日本独特の空間感覚から建築を立ちあげていくのです。私はそれが日本が世界に発信する、新しい建築への手がかりなのではないかとも考えています。

建築家の役割

新しい建築の実現には、従来のように一個人の建築家によるトップダウンでは太刀打ちできないことも確かです。世の中がこれだけ複雑化し、技術が高度化している今、建築を生み出すためには多様な価値観を共有しながら、さまざまな知識や技能をもった人たちとの共働が重要になってくると思うのです。私はそのことを新国立競技場コンペティションで実感しました。

現在、私のようなアトリエ派と言われる建築家は、共働する相手としては歓迎できない人種と受け取られています。建築家の立場が社会とともに変わってしまったからです。

戦後間もない、村野藤吾[*5]さんや白井《しらい》晟一《せいいち》[*6]さんたちが活躍していた時代には、その仕事にほれ込んだゼネコンの「村野係り」や「白井係り」といった人たちがいて、お金に糸目をつけずにつくってくれたと言われています。

私の師匠である菊竹清訓さんが活躍した六〇年代、七〇年代はさすがにそんなことはありませんでしたが、私たちが独立した七〇年代にも、小さな住宅を頑張って安くつくってくれる工務店はありました。

ところがバブルがはじけた九〇年代以降、社会全体が経済合理性だけを追い求めるようになって、ゼネコンや工務店も以前のやり方では生きぬいていけなくなったのでしょう。いつの頃からか、アトリエ派建築家はわがままで、面倒なことばかりを言ってくると受け取られ、社会から敬遠されるような存在になってしまいました。

新国立競技場の再コンペティションは、アトリエ派建築家にとっては逆風の吹くなか、デザインビルド方式[*7]というやり方が採用されて、建設会社と設計者がチームで参加することが条件となりました。そのチームで、公示された工事費や工期をクリアしたうえで、いかに魅力的な案を提出するかが問われたのです。

私たちのチームは最終的には竹中工務店を中心としたゼネコン三社、日本設計と私の事務所で構成されました。今だから言えることですが、当初、私は彼らにとって招かれざる客だったと思います。どうやってチームに溶け込み、盛り立てていこうかと思案しました。ところが、それは杞憂《きゆう》にすぎませんでした。

プロジェクトがスタートしてしばらくはぎくしゃくとした関係が続いていましたが、途中から、ゼネコンや大手設計事務所の人たちは、コスト削減、工期短縮、技術的課題といった山積みの難題を一つひとつ解決してくれました。そしてこの方法で行けるぞとなった瞬間から、圧倒的な情熱とパワーを発揮してくれたのです。

長い建築家人生でも、あの一体感は過去に経験したことがありません。

日本ではアトリエ派の建築家はひたすら追い詰められた状況にあって、存在理由がないところまで来ています。経済合理性を求める建築ならば、大手の設計事務所やゼネコンの設計部のほうがクライアントの言いなりですからリスクは少ないし、安全安心な建物ができるからです。

でも安全で高品質なだけではない、心を揺さぶるような空間、人びとが生きる喜びを実感できるような建築をつくっていくには、定常的な仕事を超えた人間同士の信頼関係とか、見たことのない建築をつくりたいという情熱を共有することも必要なのだと思います。私のような建築家がその瞬間を生み出すエンジンの役割を果たすことができる、いやもうその役割しか残されていないのかもしれません。

突き詰めていけば、建築家の存在意義は、「思想」があるかないかです。つまり、現状をそのまま受け入れるのか、そうではなくて矛盾を露《あらわ》にし、未来へのビジョンを描けるのかどうか。ビジョンこそが建築の未来をつくる原動力になります。建築を志す者にとって、思想があるか、ないかという分かれ道はとても大きいのです。

地方に目を向けるということ

社会には多様なコミュニティがありますが、その人間関係や集まり方をどうデザインしていくかというところから、建築の再構築は始まると感じています。

今までは、建築単体として、よい建築かよくない建築かが評価されてきました。けれどもコミュニティという視点から鑑みると、もっと大きな地域的な広がりのなかで、人間同士の繋がりや距離感をどのようなかたちにしていくかが問われる時代になったのです。

「ぎふメディアコスモス」の設計をしていた時期、私は東日本大震災の被災地に頻繁に通い、復興計画や「みんなの家」のプロジェクトを進めていました。失敗も含めて、この経験から学んだことをその後の仕事に反映させたいと考えました。

震災直後、石巻市や仙台市沿岸の津波に遭った地域の仮設住宅を訪問すると、住宅が流されてしまった後も、かつて暮らしていた人たちとのコミュニティがそのまま引き継がれていると感じました。ところが住民の方々がともに過ごせる場所がありません。

そこでみんなが集まることのできる「家」のような集会所をつくることが急務であると考え、たくさんの企業や人びとのボランティア活動によって「みんなの家」はできました。行政が関与しなかったからこそ、原始的なかたちのコミュニティを共有できる場になったのです。

ああいった災害が起こると、人が集まって互いにサポートし合うことが求められます。その支援は大規模で完璧である必要はありません。「みんなの家」のような小さなものでも始められます。

実際に被災地に行って、そこで困難な暮らしに直面している人たちに向き合うと、近代主義とか安全安心といった都会的な思考が空疎なものに感じられてなりませんでした。人と人が繋がること、何もないところから何かを始めること、そうしたことに対して建築ではいったい何ができるのか、何をすべきなのかを考えざるを得ませんでした。

建築とはコミュニティにかたちを与えること

現在、私がもっとも力を注いでいる地方のプロジェクトが第四章で紹介した大三島です。大三島の取り組みは金銭的なリターンはまったく期待していません。ボランティア活動に近いかもしれません。しかし、だからこそ参加者みんなが普段の仕事から解放されて、自ら考えて自ら建てるという建築の始原に立ち返って、水を得た魚のように生き生きと活動しています。その様子を見ていると「建築家像」も変わりつつあることを実感します。

彼らは同時に、第二章で述べたように資本主義の限界を見据えて、その先にある別の価値観を直感しているような気がしてなりません。お金では得られない豊かさを求めている。別の表現をすると、「贈与的行動」と言ってもいいかもしれません。物と物、物と労働の交換といった一昔前のコミュニケーションにこそ価値を見出し、地方でならそれができると考えている。実際そういう若者が結構な数でいるようなのです。

こうした動きは都会の若者だけでなく、地方の人たちにも大きな可能性をもたらすだろうと考えています。大三島では都市の若者が空き家をシェアハウスにして暮らすとか、みかんの耕作放棄地をブドウ畑にしてワインをつくるとか、放っておいたら崩壊してしまう地元の財産を新しい発想で蘇《よみがえ》らせる活動を始めています。でもそれは、一方的に土足で踏み込んでいくようなものではなく、地元と都会の人が少しずつ交わり、徐々に変化を起こしていくという穏やかなものです。

実際、都会の人たちが地方で家を借りるだけでも面倒なことがたくさんあります。お金で割り切れる、都市での暮らしとは異なるからです。そのような状況下でも地元の人と互いに探り合いながら新しい関係を築いていくのです。そうやってできていくコミュニティは、地元の人たちだけの繋がりとも違うし、都会の人たちの目的共有型の関係性でもない、両者が微妙な距離感を保ちながら、刺激し合う共同体です。

現在、社会で起きている孤独死や少子化といったさまざまな問題を突き詰めていくと、結局はコミュニティの問題に行き当たるような気がしています。彼らの試みは、今日本が直面する問題を解決するきっかけになるかもしれません。

「ぎふメディアコスモス」に関しても、かつて本もデジタル化されて図書館は必要なくなると議論された時期がありました。しかし実際にオープンすると、子どもからシニアまでたくさんの人たちが毎日やってきて、とくに対話するわけでもないのに、微妙な距離感を保ちながら本を読んだり、昼寝をしたりしています。人の気配を感じ、安心できる空間が気に入っているから足を運ぶのです。これもひとつのコミュニティだと私は考えています。同じようなことが、もっと大きなスケールで起こりつつあるのが大三島なのです。

それは近代主義建築が人と人との繋がりを断ち、人びとを小さなケージに閉じ込めてきたことに対する反動でもあります。目には見えないコミュニティに対して、目に見える場、人と人との繋がりを体感できる場所をつくっていくことこそが、これからの建築の使命です。

みんなの家からみんなの建築へ

最近、私は磯崎新さんから「みんなの建築家」と言われています。みんなという言葉が象徴する疑似民主主義的なところから建築ができるのだろうかという、磯崎さんらしい問いかけをいただいたのだと、私は考えています。

実は被災地の「みんなの家」のことを当初は「ミニメディアテーク」と呼んでいました。それは、仙台にある「メディアテーク」の被害調査に行くことから、私たちの被災地通いが始まったからです。ところが住民の方々との意見交換をするとき、「ミニメディアテーク」ではうまくコミュニケーションがとれないだろうと、急遽《きゅうきょ》「みんなの家」と言うことにしました。

二〇一二年のヴェネチア・ビエンナーレ*8日本館のコミッショナーになって、「みんなの家」を展示しましたが、みんなという言葉をどう英訳するのがいちばん適当なのかいろいろ考えました。結局「HOME-FOR-ALL」にしたのですが、でも「みんな」と「オール」は少しニュアンスが違うなあと感じていました。

「みんな」という言葉の背後にはコミュニティの存在が感じられます。みんなで一緒に、みんながひとつになって、みんなが寄ってたかってなど、トップダウンでもない、でもボトムアップでもない、一人ひとりがそれぞれの役割をもって、あるいはできることをもち寄って、何かを成し遂げていく。自分ができる範囲で可能なことをする。そんな意識が共有されている。建築でもそんな場所をつくることは可能ではないでしょうか。

例えば、「ぎふメディアコスモス」では、建築の専門家がそれぞれのスキルをもち寄ってみんなで建築をつくりあげた。それを使うのは市民のみなさんです。大三島はまさに島民と塾生のみんなが金銭のやり取りを超えて、贈与の建築を実践しつつあります。それはみんなが自分のために、主体的に起こしている活動でもあります。松本の信濃毎日新聞社本社ビルは、ワークショップを通して地元のみなさんから寄せられた意見を一つひとつ積みあげながら設計を進めています。完成後は松本のコミュニティを復活させる原動力になるでしょう。水戸市新たな市民会館は、市民のみなさんの祭りや活動の舞台となる「やぐら広場」が建築のコンセプトとなりました。

今、私が目指している建築は、近代主義が切り離してしまった建築と人びとの距離を縮めること、いや一般の人たちの手に建築を取り戻すことです。そのことが、建築に自然を回復させ、地域性や歴史文化を継承させ、コミュニティを再生させることに繋がると考えています。

建築は日々の生活のリアリティを実感できる場でなければなりません。建築家だけでない、つくる人も、暮らす人も、活動する人も、みんなが建築に関わってこそ、建築は生き生きとした生命を宿すことができるのです。

註

＊1　私の世代の建築家　一九四〇年前後に生まれた、伊東をはじめ、相田武文、安藤忠雄、石井和《かず》紘《ひろ》、石山修武《おさむ》、早川邦彦、長谷川逸子、六角《ろっかく》鬼丈《きじょう》らが第三世代にあたる。槇《まき》文彦は『新建築』誌の論文で、第三世代の彼らを「平和な時代の野武士達」と称した。

＊2　黒川紀章　六〇年代、二六歳のときに最年少建築家としてメタボリズム・グループの発足に関わる。五〇年間一貫して「共生の思想」を提唱。代表作に、「中銀カプセルタワービル」「国立文楽劇場」「国立新美術館」など。二〇〇七年死去。

＊3　メタボリズム運動　メタボリズムとは、「新陳代謝」の意。六〇年代の社会変化に合わせて、有機的に成長する都市や建築を考える日本初の建築運動。一九六〇年に日本で開催された世界デザイン会議を機に結成された。

＊4　篠原一男　建築家。東京工業大学建築学科で清家《せいけ》清に師事。「未完の家」「久我山の家」「から

傘の家」「白の家」といった個人住宅を数多く手がけた。代表作に、「日本浮世絵博物館」「東京工業大学百年記念館」など。二〇〇六年死去。

＊5　村野藤吾　建築家。戦後のモダニズムの旗手として知られる。ひとつの型にはまらず、多種多様な造形表現を展開した。代表作に、「佳水園」「世界平和記念聖堂」など。一九八四年死去。

＊6　白井晟一　建築家。一九二八年から五年間、ドイツのハイデルベルク大学、ベルリン大学で哲学を学ぶ。帰国後、建築設計に携わる。代表作に、「善照寺」「ノアビル」「親和銀行本店」など。一九八三年死去。

＊7　デザインビルド方式　公共工事においてコスト削減、工期の短縮化のため、ひとつの企業体に一括して設計と工事を発注して行う方式。

＊8　二〇一二年のヴェネチア・ビエンナーレ　テーマは、「ここに、建築は、可能か」。陸前高田から持ち込んだ杉の丸太が林立する会場は、写真家の畠山直哉による被災地の写真やさまざまな人びとが描いた絵で構成され、そこに伊東は乾久美子、藤本壮介、平田晃久ら若手建築家と制作した「みんなの家」の一二〇点あまりの模型や図面、記録映像を展示し、その設計プロセスを紹介。「金獅子賞」を受賞。

おわりに

二〇一四年の秋、高熱とともに突然動脈の炎症反応を示す数値が異常に上がり、四カ月の病院生活を送る羽目に陥りました。ありとあらゆる検査をしても悪いところは見つからず、原因不明のまま、以前の元気な身体に戻ったのですが、検査が続いたこの四カ月の間、アルコールやコーヒーを断ち、規則正しい日々を送ることになりました。

内外を飛び回っていた生活から、突然狭い病室で終日過ごすことになり、生活は一変しました。午前三時には起きてしまい、読書したり、考えごとをするのが日課になりました。それまでには考えられないほどの膨大で暇な時間ができたのです。

そんな時間に考えたのは、自分がこれまでつくってきた建築のこと、そしてこれからの自分の人生の過ごし方についてでした。ちょうどその頃、私のオフィスでは重要な建築プロジェクトの工事現場が佳境を迎えていました。台湾での「台中国家歌劇院」やメキシコ・プエブラでの「バロック・インターナショナルミュージアム・プエブラ」、国内では「みんなの森 ぎふメディアコスモス」や「山梨学院大学国際リベラルアーツ学部棟」などです。

とりわけ「台中国家歌劇院」は二〇一四年末、二〇〇〇席の大ホールが一カ月間だけ市民に初めて公開されました。喜びに湧く市民で溢れかえる劇場の写真をスマートフォンで眺めながら、ベッドの上でひとり感慨にふけっていました。このオペラハウスは、二〇〇五年末のコンペティションでザハ・ハディドに勝って以来一〇年が過ぎ、実現を諦めかけた時期もあるくらい、難しいプロジェクトでした。建物の内部は至るところが三次元の曲面で構成され、まるで洞窟内を歩いているようです。ようやく二〇一六年の九月末にオープンの予定が立ったのですが、工事は遅れに遅れ、実現できたのは奇跡と言えるほどです。

興奮状態の現場と静かな病室のギャップもあって、このような「芸術的」とも言える建築をつくるのはこれで最後にしようか、と考え込んでいました。これほどの時間とエネルギーを注ぐ仕事は、自分の建築人生で、もはやあり得ないだろうと思ったからです。

さらに自分でも不思議に思われたのは、私にとっての最初期の作品「中野本町の家」と、

「台中国家歌劇院」とはどこか通じるところがあったからです。この小さな住宅の空間も「白い洞窟」のようでした。スケールはまったく違うのですが、いずれも光や音が遠くから伝わってくるような共通点があります。「母胎」にいるような感覚と言ってもいいでしょうか。およそ四〇年の歳月を隔てて自分の建築人生が一巡したようにも思われました。そんな感慨もあって、こうした「芸術的」建築はこれで最後でもいいと思ったのかもしれません。

一方この時期、私は瀬戸内海の中央に浮かぶ大三島にほぼ毎月通っていました。大三島は推古天皇時代の五九四年に創建されたと伝えられる大山祇神社に護られ、美しい風景を保った島です。ふとしたことからこの島に、今治市が私の建築ミュージアムをつくってくださり、それが契機となってこの島に東京の塾生たち（伊東豊雄建築塾）と通うようになりました。

そして、この島で空き家を改修して「みんなの家」としたり、みかんの栽培放棄地を借りてワイナリーづくりを始めたり、さまざまな小さな活動を島の住民たちとするようになりました。そうした活動については第四章で述べたとおりです。

「大三島を日本でいちばん住みたい島にする」ためにといったテーマの下でのこうした活動と、台湾でオペラハウスをつくる仕事との間には大きなギャップがあるとも言えます。病院のベッドの上で私はこれら二つの活動の間の距離について、日々想いを巡らせていました。そして芸術的作品をつくる活動を終わりにして大三島での小さな活動に余生を捧げようとすら思っていたのです。

二〇一五年の二月に退院してからもしばらくはそんなことを考えながら静かに暮らしていたのですが、七月に突如、その静けさを破る出来事が起こりました。安倍晋三首相がザハ・ハディドのデザインによって進んでいた新国立競技場の計画を白紙撤回したのです。大幅な予算オーバーとは言え、このニュースは青天の霹靂《へきれき》でした。静穏に暮らしたいと考えていた私の身体に電流が走り、瞬時にスイッチオンとなったのです。なぜなら、新国立の計画を巡って私は二度の惨敗を喫していたからです。一度目は二〇一三年に行われた最初のコンペティションに敗れ、ならばと翌二〇一四年にはわざわざ建て替えなくとも既存のスタジアム改修でよいのではないかと主張したのですが、まったく聞き入れられないままに旧国立競技場は解体され、二度目の敗北を喫しました。そんな経緯もあって、新たなるコンペティションに再びチャレンジしてみたいと思ったのです。

幸いにもＪＶ（共同企業体）を組むことができ、心血を注いで提案しましたが、結果は皆さんご存知のとおり、三連戦三連敗です。

今さら言いわけをするつもりはありませんが、残念なのはオリンピックという国を挙げてのイベントに用いる施設を競うコンペティションに、一建築家として全身全霊を賭したにもかかわらず、審査過程は明らかにされず、審査員の誠意あるコメント一つ返ってこないという事実でした。勝ち負け以前に、提案者にとってこれほどむなしいことはありません。

思い起こせば、東日本大震災の復興に関してもまったく同じことが言えます。震災後、私は被災地を訪れ、津波によって家や街を失った人たちと話し、街の復興に関わるさまざまな提案をしました。それらは前著『あの日からの建築』で述べていますが、失われた街を蘇らせるために、住民たちが元気を回復し、誇りをもてる街にしてほしいと考えたのです。しかし、すべての街は同じ復興でなければならない、すなわち安全安心のためにマニュアルどおりの防波堤、土地のかさ上げ、高台移転という三点セットの復興計画以外は基本的に認めないという国のスタンスがありました。防波堤にしろ、公営住宅にしろ、もう少し住民に寄り添った計画があると思ったのですが、すべてかないませんでした。

東日本大震災の復興と新国立とが共通しているのは、相手が公共の場合には誰も個人としての顔を見せてコメントしないこと、オープンな討論は一切しないことです。いつから日本はこのように表情のない暗い国になってしまったのでしょうか。

そんな想いを抱いていた頃、二〇一六年四月に熊本で地震が起こりました。熊本の復興に関しては、まだまだ始まったばかりではあります。しかし、東日本大震災の場合よりももう少し血の通った復興ができるのではないかと、私は光を感じています。

熊本地震で被災した人たちのために熊本県はおよそ四千数百戸の仮設住宅を建設する予定（二〇一六年八月現在）ですが、そのうちの約六〇〇戸は木造の仮設住宅です。さらに、それら仮設団地のなかに、およそ八〇棟あまりもの「みんなの家」が計画されているのです。東北三県で私たちが東日本大震災後五年間につくった「みんなの家」が一五棟ですから、わずか数カ月で八〇棟が計画されているというのは信じがたい数です。

熊本県がこのような復興にいち早く取りかかった背景には蒲島郁夫知事の強い意志が働

いているのではないかと思います。また熊本県は二八年前から四代の知事にわたって「くまもとアートポリス」という事業を続けてきました。これは県内自治体の公共施設を中心として、その設計者を知事の任命するコミッショナーが推薦するというシステムで、私はここ一〇年ばかり三代目のコミッショナーを務めています。

三・一一の震災後「アートポリス」では初の県外事業として、仙台市宮城野区に建設された「みんなの家」第一号への建設資金と材木を提供しました。さらに、翌二〇一二年に阿蘇地域で発生した大雨による土砂災害に際し、四〇戸の木造仮設住宅と二棟の「みんなの家」をつくりました。これらはすべて蒲島知事の強い意志が「アートポリス」関係者に伝えられて実現したのです。

蒲島知事は今回の震災復興において、被災者の痛みを最小化すること、単に元に戻す「復旧」ではなく、創造的な「復興」を目指すことを目標に掲げて、強いリーダーシップを発揮されています。

すでに入居が始まっている仮設団地を訪れると、木造の仮設住宅は従来の鉄骨系よりもはるかに被災者の心を和ませる効果があると感じました。また鉄骨系の従来型仮設住宅も隣棟間隔を広げたり、ほぼ三棟ごとに区切って間にベンチを設置するなどの工夫が施されていました。その間には随所に木造の「みんなの家」がつくられ、被災者の方々が集まって憩うことができる場所が用意されつつあります。今後、私たちが集めた募金によって団地内に桜の木を植えたり、花壇を整えるなどの環境設備も行われる予定です。

このような心配りが迅速にできているのは、知事の命を受けて、精力的に行動に移している県のアートポリス担当者、及びコミッショナーのアドバイザーである桂英昭熊本大学准教授、末廣香織《かおる》九州大学准教授、曽我部昌史《まさし》神奈川大学教授らの働きに負うところが大きいと思います。全国で唯一とも言える「くまもとアートポリス」事業が、時には県民からの批判を受けながらも三〇年近く持続し、このような災害の復興に対して、わずかでも力となることを実感できたのは本当に感慨深いことです。そして、仮設住宅への対応だけでなく、災害復興公営住宅をはじめとする将来へ向けた創造的復興のためにもアートポリスは精力的な活動を行えるものと確信しています。

おそらく今後も地震や台風などによる大きな災害はたびたび発生するに違いありません。そんなときに、従来より人びとに寄り添った熊本での復興活動はこれからの災害対応のモデルケースとなるでしょう。よき前例とならなくてはならないはずです。

現在の日本は顔も心も見せない、そして討論もしない官僚主導による空疎な行政ばかりが目立ちますが、私はささやかな建築活動を通じて、人と人とを結びつける人間的な社会を切り拓きたいと思います。建築は決して箱物ではない、経済の道具でもない、今より少しは居心地のよい社会を生み出すために建築で可能なことはまだまだあるはずです。

今回の出版は、元ＡＸＩＳの編集長、関康子さん、集英社の金井田亜希さんのお二人が、約六カ月間、ほぼ毎月インタビューを繰り返して、私の言葉をまとめて整理し、編集していただいた成果です。お二人のご努力に対し、心より御礼申し上げます。

伊東豊雄

図版レイアウト／MOTHER
取材・構成／関康子

伊東豊雄（いとう　とよお）

一九四一年生まれ。建築家。東京大学工学部建築学科卒業。菊竹清訓建築設計事務所勤務後、伊東豊雄建築設計事務所設立。ヴェネチア・ビエンナーレ金獅子賞、王立英国建築家協会（RIBA）ロイヤルゴールドメダル、プリツカー賞など多数受賞。主な作品に、せんだいメディアテーク、みんなの森 ぎふメディアコスモス、台中国家歌劇院など。著書に『あの日からの建築』（集英社新書）、共著に『建築の大転換　増補版』（ちくま文庫）など。

「建築《けんちく》」で日本《にほん》を変《か》える

集英社新書〇八四八F

二〇一六年九月二一日　第一刷発行

著者……伊東豊雄《いとうとよお》

発行者……茨木政彦

発行所……株式会社集英社

東京都千代田区一ツ橋二‐五‐一〇　郵便番号一〇一‐八〇五〇

電話　〇三‐三二三〇‐六三九一（編集部）

〇三‐三二三〇‐六〇八〇（読者係）

〇三‐三二三〇‐六三九三（販売部）書店専用

装幀……原　研哉

印刷所……凸版印刷株式会社

製本所……加藤製本株式会社

定価はカバーに表示してあります。

ISBN 978-4-08-720848-1 C0236

Printed in Japan

a pilot of wisdom

a pilot of wisdom

集英社新書　好評既刊

糖尿病は自分で治す！
福田正博　0839-I

糖尿病診療歴三〇年の名医が新合併症と呼ぶ、がんや認知症、歯周病との関連を解説、予防法を提唱する。

3・11後の叛乱　反原連・しばき隊・SEALDs
笠井　潔／野間易通　0840-B

3・11後、人々はなぜ路上を埋めつくし、声を上げはじめたのか？　現代の蜂起に託された時代精神を問う！

感情で釣られる人々　なぜ理性は負け続けるのか
堀内進之介　0841-C

理性より感情に訴える主張の方が響く今、そんな流れに釣られないために「冷静に考える」方法を示す！

日本会議　戦前回帰への情念
山崎雅弘　0842-A

安倍政権を支える「日本会議」は国家神道を拠り所に戦前回帰を目指している！　同組織の核心に迫る。

ラグビーをひもとく　反則でも笛を吹かない理由
李淳馹　0843-H

ゲームの歴史と仕組みを解説し、その奥深さとワンランク上の観戦術を提示する、画期的ラグビー教本。

「戦後80年」はあるのか
——「本と新聞の大学」講義録
モデレーター　一色　清／姜尚中
内田　樹／東　浩紀／木村草太／
山室信一／上野千鶴子／河村小百合　0844-B

日本の知の最前線に立つ講師陣が「戦後70年」を総括し、今後一〇年の歩むべき道を提言する。人気講座第四弾。

永六輔の伝言　僕が愛した「芸と反骨」
矢崎泰久　編　0845-C

盟友が描き出す、永六輔と仲間たちの熱い交わり。七月に逝った永さんの「最後のメッセージ」。

東京オリンピック「問題」の核心は何か
小川　勝　0846-H

「オリンピック憲章」の理念とは相容れない方針を掲げ進められる東京五輪。その問題点はどこにあるのか。

ライオンはとてつもなく不味い〈ヴィジュアル版〉
山形　豪　041-V

ライオンは、不味《まず》すぎるため食われずに最期を迎える……等々、写真と文章で綴るアフリカの「生」の本質。

既刊情報の詳細は集英社新書のホームページへ
http://shinsho.shueisha.co.jp/